从0到1
吃透
银发经济

马向文 张阳阳 张丽斯 著

电子工业出版社·
Publishing House of Electronics Industry
北京·BEIJING

图书在版编目（CIP）数据

从 0 到 1 吃透银发经济 / 马向文，张阳阳，张丽斯著.

北京：电子工业出版社，2025.7.--ISBN 978-7-121

-50451-8

Ⅰ. F014.5-49

中国国家版本馆 CIP 数据核字第 2025ET0342 号

责任编辑：王陶然　文字编辑：赵娜

印　　刷：唐山富达印务有限公司

装　　订：唐山富达印务有限公司

出版发行：电子工业出版社

　　　　　北京市海淀区万寿路 173 信箱　　邮编：100036

开　　本：880×1230　1/32　印张：6.25　　字数：125 千字

版　　次：2025 年 7 月第 1 版

印　　次：2025 年 7 月第 1 次印刷

定　　价：58.00 元

凡所购买电子工业出版社图书有缺损问题，请向购买书店调换。若书店售缺，请与本社发行部联系，联系及邮购电话：（010）88254888，88258888。

质量投诉请发邮件至 zlts@phei.com.cn，盗版侵权举报请发邮件至 dbqq@phei.com.cn。

本书咨询联系方式：（010）68161512，meidipub@phei.com.cn。

FOREWORD ◂ 前言

当你翻开这本书时，全球老龄化趋势正在以飞快的速度发展。你可能已经注意到，你身边的老年人越来越多。家庭聚会时，养老也成了大家常聊的话题。权威数据显示，我国 60 岁及以上老年人口不断增加，占总人口的比重逐年上升，老龄化已经成为一个无法忽视的社会现象。

在这一背景下，银发经济应运而生，成为经济发展的新热点。它不仅关乎老年人的生活品质，还隐藏着巨大的经济潜力和创新机会。从养老服务、健康医疗，到适老化产品、老年娱乐，银发经济已经渗透到人们日常生活的各个角落，悄然改变着我们的社会和经济格局。

不过，要真正搞懂银发经济并不容易。不同国家和地区的老龄化程度、消费习惯、政策环境不一样，怎么才能找到适合中国国情的发展路径呢？在数字化时代，怎么帮老年人跨越数字鸿沟，让他们也能享受科技带来的便利？健康养老产业又该如何创新，以满足老年人越来越高的健康需求？这些问题都亟待解决。

本书就是为了回答这些问题而写的。本书深入研究了全球老龄化趋势，分析了中国银发经济的发展现状，挖掘了热门赛道和商业机会，探讨了互联网、健康养老、适老化改造等关键领域的发展策略。同时，本节借鉴了国际经验，结合本土实践，为读者描绘了一幅全面、深刻的银发经济图景。

本书特色

1. 全球视野与中国实践相结合

本书不仅从全球视角出发分析了老龄化这一全球性问题的现状、趋势及影响，还特别关注了中国老龄化社会的独特性和复杂性。通过对比国内外银发经济的发展模式，本书为中国银发经济的未来发展提供了宝贵的国际经验和本土实践案例，帮助读者更好地把握中国银发经济的发展脉搏。

2. 多维度解析银发经济

本书从多个维度对银发经济进行了全面解析，包括银发经济的产业分布、区域热度、市场需求、政策支持等。

通过多维度分析，本书为读者呈现了一个立体、全面的银发经济图景,帮助读者更深入地理解银发经济的内涵和外延。

3. 理论与实践并重

本书不仅深入探讨了银发经济的理论基础，如老龄化趋势、银发经济的影响力等，还注重实践指导。通过详细分析银发经济的热门赛道、智能手机市场的崛起、健康养老产业的发展、适老化改造的实践案例等，本书为读者提供了丰富的实践经验和策略建议，帮助读者在银发经济领域找到适合自己的发展方向。

4. 前瞻性与实用性兼具

本书不仅关注现状，更着眼于银发经济的未来。通过对银发经济未来趋势的预测和潜力产业的挖掘，本书为读者提供了前瞻性的思考和战略性的建议。同时，本书注重实用性，通过提供具体的实践案例和策略建议，帮助读者在银发经济领域实现可持续发展。

5. 语言通俗易懂，内容深入浅出

本书采用通俗易懂的语言，将复杂的银发经济理论和实践案例以深入浅出的方式呈现给读者。无论是专业人士还是普通读者，都能轻松理解本书的内容，并从中获得有益的启示和实用的建议。

本书内容及体系结构

第 1 章　全球老龄化浪潮滚滚而来，银发经济蓬勃兴起

本章深入探讨全球老龄化浪潮与银发经济的崛起，首先分析全球和中国老龄化的现状；接着剖析老龄化对中国经济社会的影响，包括劳动力市场、消费结构、社会保障体系等方面；最后展望银发经济的未来发展趋势，如规模扩张、业态多样、技术革新、跨界融合及政策引领等，揭示其在经济增长中的重要作用。

第 2 章　解析银发商机：认清中国经济的下一个风口

本章首先提出适合中国国情的银发经济发展路线图，明确短期、中期、长期目标；接着分析银发经济在不同区域的热度，包括经济发达地区、人口密集地区和资源特色地区等；最后详细解析银发经济的热门赛道，涵盖基础性需求赛道、高阶需求赛道和品质性需求赛道，并探讨如何通过了解需求、打磨产品、提升服务、打造品牌等策略建立中国银发经济品牌，结合案例展示理论与实践的结合，推动银发经济可持续发展。

第 3 章　银发互联网革命：老年人智能手机市场的崛起

本章探讨老年人互联网使用现状，包括用户数量增长、

应用选择多样化、适老化服务需求迫切及存在潜在风险，并展望未来在用户数量、使用场景、安全保障和社交互动方面的趋势；同时分析智能手机在老年用户群体中普及受阻的原因，提出适老化设计、教育培训和社会支持等解决方案；最后通过健康医疗、生活服务、社交娱乐和金融理财等领域的案例，展示定制化数字服务如何满足银发群体的特定需求。

第4章　健康享老：老龄化时代新刚需

本章聚焦"健康享老"，分析老龄化背景下健康养老产业兴起的原因，包括老年人口数量持续增长、健康意识提升及消费观念不断升级；剖析银发族群在生理方面、心理方面和生活健康方面的多元需求，揭示银发经济的发展潜力；介绍政策引领下的护理康养服务体系，涵盖居家养老、社区养老、医养结合及农村养老服务；最后探讨"养老＋互联网""养老＋物流"等健康养老的跨界融合与创新模式，展现这些模式对养老服务优化和老年人生活品质提升的积极作用。

第5章　适老化改造：构筑老龄友好环境

本章聚焦适老化改造，探讨其在构筑老龄友好环境中的重要性；探讨家居、社区和公共空间三大改造领域，通过案例展示实际改造效果；分析适老化改造的政策支持与未来趋势，指出在政策支持与市场需求的双重驱动下，适老化改造市场前景广阔：既能为老年人创造安全、舒适的生活环境，也能为企业带来巨大的发展机遇。

第6章　银发经济的多元化发展：产业与服务的融合

本章介绍银发经济涵盖的产业，包括健康医疗、康复辅助器具等七大产业，满足老年人的多样化需求；分析银发经济在助力城市开启第二增长曲线过程中的作用，如推动经济增长、优化产业结构和提升城市竞争力，并列举东京、汉堡等国际案例；探讨银发经济的数字化转型，包括构建"线上＋线下"服务生态，通过健康管理、社交娱乐等线上服务与健康养老、老年用品等线下服务相结合，实现优势互补，助力银发经济高质量发展。

第7章　银发经济的国际经验与本土实践

本章从国际视角探讨银发经济的发展模式、面临的机遇与挑战，结合中国本土实践总结发展路径。发达国家（如日本、美国、德国等）通过科技引领、金融驱动、医养结合等模式满足老年人需求，但也面临人口结构差异、消费观念不一、专业人才短缺等挑战；中国在政策引领下，通过有效匹配供需、科技创新与产业升级等，探索泰康之家、乌镇雅园、小棉袄智慧养老等建设之道，为老年人提供优质便捷的服务，推动银发经济高质量发展。

第8章　银发经济的未来展望：潜力与挑战

本章探讨银发经济的未来潜力与挑战，指出养老服务、金融产品和智能设备是银发经济的三大重点发展领域，通过多样化服务、金融创新和科技赋能满足老年人需求；同时分析政策适配性不足、市场供需失衡和技术应用障碍等挑战，提出制定中长期发展政策、优化市场供需结构、推动技术创新与应用、加强人才培养与引进等可持续发展战略，旨在通过多方协作实现银发经济高质量发展，为老年人提供优质的生活保障，推动银发经济长期健康发展。

本书读者对象

本书适合关注老龄化趋势和银发经济发展的投资者、创业者、企业管理者、政策制定者及相关领域的研究人员阅读，也适合对养老、健康医疗、适老化改造等领域感兴趣的读者阅读，帮助他们深入了解银发经济面临的机遇与挑战，把握老龄化社会的新风口。

因受作者水平和成书时间所限，本书难免存有疏漏和不当之处，敬请读者指正。

目录 ▶ CONTENTS

第 1 章
全球老龄化浪潮滚滚而来，
银发经济蓬勃兴起

本章深入剖析全球老龄化浪潮与蓬勃兴起的银发经济。本章首先介绍了老龄化的全球现状，包括世界各国和中国老龄化现状；接着分析了老龄化对中国经济社会的多方面影响，涵盖劳动力市场、消费结构、产业结构、家庭结构和社会保障体系等方面；最后探讨了银发经济的影响力和未来趋势，包括其在拉动经济增长、政策驱动、市场需求等方面的作用，以及其未来规模扩张、业态多样、技术革新、跨界融合和政策引领方面的发展态势。

一个全球性挑战：前所未见的老龄化

当前，人口老龄化问题犹如一场全球性风暴，正以迅雷不及掩耳之势席卷世界各个角落，给各国带来了前所未有的挑战。

●● 初识老龄化

人类社会经历了漫长的发展，截至2024年，全球人口已经突破80亿人大关。早在1864年，法国就率先进入老龄化阶段，成为历史上第一个老龄化国家。此后，世界各国纷纷进入老龄化阶段。如今，人口老龄化已经成为一个全球性问题。

中国也不例外，老龄化趋势十分明显，而且无法逆转，这对社会的发展来说，是一个必须重视的大问题。

国际上一般用老年人口在总人口中所占的比例来判断一个地区的老龄化程度。这一比例越大，说明老龄化越严重。联合国也给出了一个用来衡量老龄化的标准：如果一个国家或地区60岁及以上人口占总人口的10%，或者65岁及以上人口占总人口的7%，那就意味着这个国家或地区进入了老龄化阶段。

●● 全球老龄化现状

联合国在《2024 年世界人口展望》报告中指出，到 21 世纪 70 年代末，全球 65 岁及以上的人口将超过 18 岁以下人口。2000 年，全球 65 岁及以上人口占总人口的比例为 6.8%。到 2040 年，这一比例预计上升到 14.3%，这意味着全球将进入中度老龄化阶段。到 2050 年，该比例可能进一步上升至 16.3%。到 21 世纪下半叶中后期，这个比例甚至可能达到 21%，全球将进入重度老龄化阶段。

美国早在 20 世纪中期就进入了人口老龄化阶段。1950 年，美国 60 岁及以上人口占其总人口的比例为 12.4%，65 岁及以上人口占其总人口的比例为 8.1%。2024 年，65 岁及以上人口占比达 17%～18%，人数高达 5604 万人。据统计，美国百岁老人人数从 1990 年的 3.7 万人增至 2024 年的 10.1 万人，几乎是原来的 3 倍。

德国联邦统计局数据显示，自 1991 年起，德国 65 岁及以上人口从 1200 万人增至 2024 年的 1889 万人，占其总人口的比例高达 22%。

新加坡 2024 年人口简报显示，该国 65 岁及以上公民占比从 10 年前的 11.7% 升至 2024 年的 19.1%。预计到 2030 年，每 4 名新加坡公民中就有 1 名年满 65 岁。另有分析指出，到 2026 年，新加坡将进入超老龄化阶段，65 岁及以上人口占其总人口的比例高达 21%。

从区域分布来看，发展中国家的老年人口增长最多、速度最快。亚洲将成为老年人口最多的地区。目前正处于人口红利期的北非、西亚和撒哈拉以南非洲地区在未来30年可能经历老年人口急剧增长。

全球老龄化程度最高的国家也随着时间与社会的发展而更迭。1980年，瑞典65岁及以上人口占其总人口的比例达16%，为全球最高。到2021年，这一"头衔"已属于亚洲的日本，其65岁及以上人口占其总人口的比例接近30%。预计到2050年，韩国将接过"最老"的"桂冠"，65岁及以上人口占其总人口的比例将突破40%，到2060年更将高达43.9%。

提醒：虽然亚洲国家比欧美国家较晚进入老龄化阶段，但老龄化的速度比欧美国家快很多。研究发现，欧美国家从进入老龄化阶段到进入中度老龄化阶段，平均需要50年。而亚洲的日本、韩国、新加坡等国家完成这个转变通常只需15～30年。

●● 中国老龄化现状

中国是一个人口大国，从1950年开始，中国的人口一直在增长，只有1962年因为自然灾害和人口迁徙导致数据不太准。不过20世纪90年代之后，人口增长就慢下来了，2022年还出现了人口减少的情况。

2000年，中国开始进入老龄化阶段，老龄化速度也变快了。截至 2024 年，中国 60 岁及以上老年人口超 3 亿人，占总人口的比例约为 22%；65 岁及以上老年人口超 2.4 亿人，占总人口的比例约为 16.5%。预计到 2035 年，中国 60 岁及以上老年人口将突破 4 亿人，占总人口的比例将超 30%，进入重度老龄化阶段。

以前中国人口结构为金字塔结构，年轻人多。现在这一结构正在慢慢改变，老年人越来越多，年轻人越来越少。目前中国 50 ~ 59 岁的人最多，占总人口的比例为 16.6%，他们很快就会变成老年人，到时候老龄化问题会更严重。

老龄化对中国经济社会的影响

老龄化对中国经济社会的影响全面且深远，可以从劳动力市场、消费结构、产业结构、家庭结构和社会保障体系这几个角度展开分析，如图 1.1 所示。

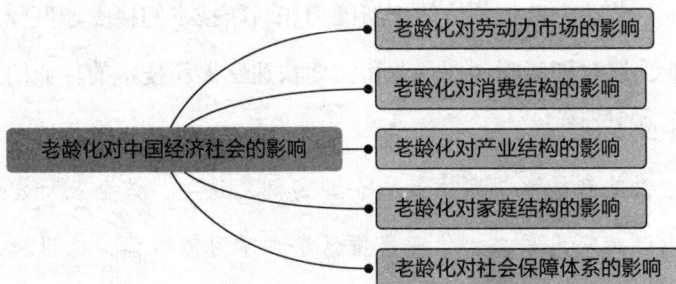

图 1.1　老龄化对中国经济社会的影响

●● 老龄化对劳动力市场的影响

随着老年人口占比不断攀升，劳动年龄人口相应减少，劳动力市场供给规模不断缩小。各行各业，尤其是劳动密集型行业，可能遭遇招工难题，甚至不得不通过提高工资等手段争夺有限的劳动力，从而增加了人力成本。

广州某医药科技公司总经理表示，近年来工厂工人的平均年龄显著增长，以往在30岁以下，如今已攀升至40～45岁。国家统计局数据表明，50岁以上农民工占比快速上涨，2017年首次突破20%，2024年更是达到26.5%。当下年轻人就业选择丰富，"90后"大多偏好服务业，这让制造业在招聘年轻劳动力时困难重重。以该医药科技公司为例，其员工70%是农民工，每人每月工资约4000元，算上社保、食宿等，企业还得为每人每月额外支出2000元左右，人力成本不断走高。

虽然老年劳动者经验丰富，但随着年龄的增长，其体力和学习新技能的能力普遍呈下降趋势。加之年轻劳动力数量不断减少，劳动力队伍整体的创新能力和对新技术的接受速度受到影响，这对创新驱动型行业和需要快速掌握新技术的行业的发展十分不利。

以某智能手机研发制造企业为例，过去，该企业研发团队中以年轻人居多，他们思维活跃、学习能力强，能迅速掌握5G通信、人工智能等新技术，推动产品创新，使手机在功能和性能上取得显著突破。

　　然而，随着人口老龄化现象的加剧，年轻劳动力人口增长放缓，企业招聘年轻研发人员的难度增加。同时，一些老年研发人员虽经验丰富，但在学习新软件编程、新型芯片架构等方面力不从心，体力也难以承受高强度研发工作。

　　例如，在新一代折叠屏手机的研发中，老年研发人员对新型材料技术、复杂屏幕驱动电路设计等新知识学习速度慢，而年轻研发人员数量不足，导致项目创新和技术突破进展缓慢，产品上市时间晚于竞争对手，市场竞争力和企业发展步伐均受阻。

●● 老龄化对消费结构的影响

　　老年人口的消费需求更多地集中在医疗保健、养老服务、老年旅游等方面，对耐用品、时尚消费品等的需求则相对降低。企业若想在市场中立足，就必须调整产品与服务结构，契合这一消费变化趋势，不然很可能面临市场份额下滑的风险。

　　某知名连锁药店原本专注于各类药品销售。但随着周边社区老龄化程度的提高，药店老板察觉到店内常规药品销量增长陷入瓶颈，像血糖仪、血压计等家用医疗保健器材，以及各类营养补充剂、关节护理药膏等契合老年健康需求的产品，销量却不断上涨。与此同时，店内原本设置的时尚保健饮品、运动器材专区，几乎无人问津。

老板迅速做出调整，大幅缩小时尚消费类产品摆放区域，将更多空间用来陈列老年医疗保健产品，还增设免费健康咨询和体检服务。这一改变成效显著，吸引了大量老年顾客。反观附近一家药店，因未及时顺应老年群体消费需求变化调整经营策略，客源持续流失，市场份额也越来越小。

老龄化促使消费市场被清晰地分化为老年与非老年两大阵营。企业要想赢得市场，就得针对这两个不同的市场制定差异化策略。一方面，加大在老年消费领域的投入力度，开发适配老年人的产品与服务；另一方面，优化面向非老年群体的营销与研发计划，精准满足非老年群体的多元需求。

国内某大型食品集团拥有丰富的产品线。随着老龄化现象的加剧，消费市场变化显著。在零食领域，年轻消费者青睐具有新奇口味、独特包装的网红零食，像酸辣魔芋爽、造型可爱的冻干水果片等；老年消费者却更钟情传统风味、低糖低盐且易消化的食品，如软糯桂花糕、原味坚果等。

该集团迅速做出响应，制定差异化策略。针对老年市场，加大研发投入力度，推出低糖无添加的糕点、冲调饮品等，包装简洁实用，方便老年人开启与储存，并在社区、老年活动中心开展试吃推广活动。面向非老年市场，则紧跟潮流，持续推出新口味、新造型的零食，利用社交媒体、线上直播大力宣传。凭借这一精准策略，集团在两个市场口碑极佳，产品销量稳步上升，市场占有率显著提高。

●● 老龄化对产业结构的影响

随着人口老龄化程度不断加深，养老服务、老年医疗、老年护理、老年金融等产业迎来黄金发展期。这些产业将成为新的经济增长点，吸引大量投资与资源，推动产业结构朝着服务化、多元化方向加速转变。

在上海某区，人口老龄化程度不断提高，当地政府与企业敏锐地察觉到养老产业蕴含巨大商机。一家大型企业顺势投资打造了综合性养老社区，将养老服务、老年医疗、老年护理融合在一起。

走进社区，居住环境温馨舒适，专业护理团队全天 24 小时提供贴心照料。社区内的医疗中心不仅能做日常体检，还能开展康复治疗。与此同时，金融机构积极加入，针对老年人的风险偏好，推出收益稳定、风险较低的专属理财产品，还安排专人提供一对一金融咨询。

这一综合性项目吸引了大量资金，周边餐饮、购物、休闲娱乐等服务业也随之蓬勃发展。原本单一的区域产业结构逐步向服务化、多元化转变，为当地经济发展注入了全新活力，成为应对老龄化产业发展的典型成功范例。

需要注意的是，一些依赖大量年轻劳动力的传统产业，如制造业，可能因劳动力短缺和成本上升而面临转型升级压力，需加快技术创新和自动化改造，以提高生产效率，减少对劳动力的依赖。

●● 老龄化对家庭结构的影响

随着家庭规模不断变小和人口流动不断加剧，家庭养老压力增大，传统家庭养老模式受到挑战，社会养老服务需求不断增加。

李大爷和张奶奶住在东北地区的一个小县城，育有一儿一女。过去，一家人逢年过节齐聚一堂，热热闹闹，尽享天伦之乐，养老看似不成问题。但如今，儿子大学毕业后在上海成家立业，女儿远嫁广东。随着年纪渐长，老两口身体状况每况愈下。前段时间，李大爷突发心脏病住院，子女却因工作繁忙和路途遥远，无法及时赶回家照料。

这件事让李大爷一家深刻地体会到家庭养老的力不从心。无奈之下，他们联系了当地一家口碑不错的养老服务机构。该机构不仅提供日常的上门护理、打扫卫生服务，还能在老人突发疾病时迅速安排就医并全程陪伴。自接受服务后，李大爷一家的生活压力得到极大的缓解。像李大爷家这样的情况在当地越来越多，家庭规模变小与人口流动加剧使越来越多的家庭对社会养老服务的需求愈发迫切。

老龄化可能导致家庭代际之间的资源分配和利益关系发生变化，对家庭的情感支持、经济供养等方面产生影响，需要重新调整和平衡代际之间的关系，构建更加和谐的家庭养老环境。

提醒：代际之间的关系指的是不同代际成员之间的相互关系和互动，即父母与子女、祖父母与孙辈等不同代际之间的联系。

小李的父母年事渐高，身体状况每况愈下。此时小李正处于事业上升的关键期，还得抚养年幼的孩子。原本，父母退休金充足，偶尔能帮衬小李，家庭资源分配较为均衡。

但随着父母养老开销和医疗开销的不断增加，家庭经济压力陡然增加。父母的退休金大多用在看病吃药上，无力再给予小李经济支持。小李既要照顾父母，又要抚育孩子，不得不减少应酬，在时间和精力分配上顾此失彼，倍感吃力。

这一系列状况让家庭氛围变得紧张起来，父母因无法帮衬而心怀愧疚，小李也因沉重的压力而焦虑不已。好在后来，小李主动和父母坐下来开诚布公地沟通了几次。小李重新规划了家庭财务，合理安排照料父母的时间，并更加关注父母的情感需求。慢慢地，小李的家庭关系重回和谐正轨，营造出了更适合老人养老的温馨环境。

●● 老龄化对社会保障体系的影响

随着老年人口的增多，领取养老金的人数不断增加，而缴纳养老保险的在职人员相对减少。这一增一减，使养老金收支平衡遭遇困难，给养老保险基金带来了沉重的支付压力。

以某市的数据变化为例，在过去 10 年间，老龄化趋势明显加剧。60 岁及以上老年人口占该市总人口的比例从 15% 快速上升至 20%，领取养老金的人数也随之水涨船高。与此同时，由于人口外流和生育率持续走低，缴纳养老保险的在职人员占该市总人口的比例从 60% 降至 55%。

这一增一减，使该市养老金收支缺口逐年增大。到 2024 年，该市养老保险基金支付压力相较于 10 年前激增近 50%。面对这一严峻形势，当地政府不得不采取一系列措施，如调整养老金发放标准、加大财政补贴力度等，以缓解养老保险基金的支付压力。

老年人患病率高，对医疗资源需求大。这不仅使医疗保障费用支出激增，给医保基金带来沉重负担，还对医疗服务体系的供给能力与服务质量提出了更高要求。

在某二线城市，老龄化进程不断加快，医疗问题日益凸显。以市内一所大型三甲医院为例，过去几年，老年患者的就诊人数持续攀升。以往，医院每日接待老年患者约 300 人次，如今已涨到 500 人次。这些老年人大多身患多种慢性疾病，如高血压、糖尿病、心脏病等，不仅需要长期服药，还得定期检查、治疗。

拿张大爷的情况来说，他同时患有高血压、冠心病和糖尿病，每月光买药就得花近千元。由于病情复杂，他需要定期住院做全面的检查与治疗，每次住院费用在 1 万元左右，大部分靠医保报销。随着像张大爷这样的老年患者越来越多，医保基金的支出大幅增加。

为应对这一情况，医院一方面增加医疗设备、扩充医护人员数量，提升医疗资源供给能力；另一方面加强医护人员培训，力求提高服务质量。即便如此，医院在医疗资源调配和服务质量保障方面，依旧压力不小。

银发经济的影响力和趋势前瞻

银发经济，主要指围绕老年人的衣食住行、文教娱乐、医护康养等需求，开展产品与服务的生产、供给、消费，以及由此衍生的一系列经济活动，涵盖养老产业、养老事业的主要内容。

●● 银发经济的影响力

银发经济影响力广泛，不只体现在拉动经济增长方面，在推动政策出台与满足市场需求等方面也有所体现。随着老龄化进程的加快，银发经济持续发展，其影响力将进一步扩大，给国内经济注入更多活力。

拉动经济增长

银发经济横跨第一、第二、第三产业，是一个庞大、综合的产业体系。它能拉动内需，助力经济转型升级，推动国民经济在老龄化背景下持续稳健前行，成为经济发展的重要引擎。**银发经济的蓬勃发展为我国经济注入了新活力，通过刺激老年消费、拉动内需、激发创新等，有力推动经济高质量发展。**

成都温江区和盛镇的"稻香渔歌"田园综合体项目是银发经济融合第一、第二、第三产业的生动实例。该项目利用田园风光，打造了适合老年人漫步、休闲的生态农田与果园，让他们亲近自然、体验采摘乐趣。在此基础上，该项目建设了适老化的康养度假小屋和健康管理中心，配备了先进的医疗检测设备。该项目还提供24小时护理服务、兴趣课程和营养餐食，满足老年人的多样化需求。

自运营以来，该项目吸引了大量老年群体，刺激了老年消费，带动了周边村民开办农家乐、售卖农产品，进一步拉动了内需。当地企业还研发了智能健康监测手环，实时同步健康数据。这一项目不仅盘活了当地经济，还推动了第一、第二、第三产业的深度融合，为经济高质量发展注入了强劲动力，成为银发经济蓬勃发展的典型代表。

政策驱动

随着人口老龄化加剧，我国银发经济规模持续扩张，银发产业市场不断扩容，即将步入"双轮驱动"的关键阶段。其中一轮驱动来自政策与制度。我国极为重视银发经济发展，推行积极应对人口老龄化的国家战略与"健康中国"战略。在此背景下，相关部门接连出台一系列支持银发经济发展的政策举措，政策与制度环境将得到进一步优化。

在上海，随着老龄化程度的提高，当地政府积极顺应国家战略，大力推动银发经济发展。以静安区为例，为满足老龄化带来的养老服务需求，政府出台多项政策，鼓励社会力量投身养老产业。为降低企业运营成本，提高其参与积极性，政府设立专项补贴资金，助力新建或改造养老机构。在这笔补贴的支持下，某民营养老服务企业将一处老旧建筑改造成现代化养老社区，不仅配备了专业医护设施，还打造了诸多适合老年人的休闲娱乐空间。

同时，政府简化审批流程，大幅缩短养老服务项目的落地周期。一家原本计划在静安区开设老年助餐点的企业，因政策优化，从筹备到开业仅用了数月。如今，这一助餐点每天为周边数百位老人提供营养丰富、价格实惠的餐食，极大地方便了老年居民。

此外，政府制定严格的服务标准与监管制度，确保养老服务质量。这些政策优化了银发经济发展环境，吸引了更多企业投身银发产业，为当地老年人提供了丰富、优质的养老服务，生动地展现了银发经济在政策驱动下的蓬勃发展。

市场需求

随着老年人口不断增多，老年人在健康医疗、养老服务、文化旅游、智能家居、数字科技产品等方面的需求愈发旺盛，给市场带来巨大活力与挑战。政府和企业积极应对这股"银色浪潮"，通过政策引导和技术创新，持续优化养老服务供给，提升老年人生活质量。

随着老年人口逐年攀升，老年人对健康医疗、养老服务、文化旅游和智能家居等方面的需求日益凸显。在杭州西湖区的一个大型社区，当地政府联合社区医院推出家庭医生签约服务，签约老年人可享受定期上门健康检查和专属健康咨询服务。医疗机构还引入智能健康监测设备，老年人在家使用智能手环、血压计等，健康数据可实时传输到医院平台，方便医生随时掌握老年人的健康状况。

企业也积极布局这一市场。一家科技公司推出操作简易的智能健康一体机。该一体机集多种检测功能于一体，数据可同步到老人子女的手机，方便家人关注老年人健康。在养老服务方面，政府鼓励社会资本参与，建设多个嵌入式养老服务中心，提供日间照料、助餐助浴等基础服务，并开设书法、绘画等兴趣课程，丰富老人精神生活。本地旅游企业推出专为老年人设计的文化旅游线路，行程舒缓，配备专业医护人员和无障碍旅游大巴，受到老年群体的热烈欢迎。

在智能家居领域，一家企业研发出智能语音控制家居系统，老年人可通过语音指令控制家电。系统还设置有紧急呼叫按钮，方便老年人一键呼救。

通过政府的政策驱动和企业的技术创新，当地老年人的生活质量显著提升，该社区成为应对"银色浪潮"的典范。

●● 银发经济的趋势前瞻

未来，银发经济将呈现规模扩张、业态多样、技术革新、跨界融合及政策引领的发展态势，如图 1.2 所示。

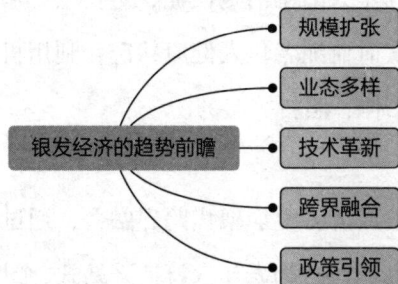

```
                              ┌──────────┐
                         ┌───→│ 规模扩张 │
                         │    └──────────┘
                         │    ┌──────────┐
                         ├───→│ 业态多样 │
    ┌────────────────┐   │    └──────────┘
    │ 银发经济的趋势 │   │    ┌──────────┐
    │     前瞻       │───┼───→│ 技术革新 │
    └────────────────┘   │    └──────────┘
                         │    ┌──────────┐
                         ├───→│ 跨界融合 │
                         │    └──────────┘
                         │    ┌──────────┐
                         └───→│ 政策引领 │
                              └──────────┘
```

图 1.2　银发经济的趋势前瞻

规模扩张

近年来，中国银发经济规模持续增长。据中商产业研究院报告，2023 年我国银发经济规模约 7.1 万亿元，占 GDP 的 6%。预计到 2025 年，这一规模将攀升至 9 万亿元。更有预测称，到 2035 年，这一规模有望达 30 万亿元。

业态多样

银发经济产业链条长，涵盖第一、第二、第三产业。随着老年人的需求日趋多样化，银发经济业态将日益多元化。例如，康养文旅作为银发经济的关键场景，已成为"文旅 +"产业中极具成长潜力的板块之一。与此同时，智慧养老、远程医疗服务、个性化健康管理方案等新型养老模式将不断涌现。

技术革新

数字化与智能化技术在银发经济发展过程中的应用将日益广泛。大数据、人工智能等技术的应用可以提升养老服务的智能化水平，让老年人的生活更便捷、更安全。例如，研发智能穿戴设备，可实时监测老年人健康状况；利用机器人技术，能为老年人提供陪伴、照料等服务。

跨界融合

未来，银发经济将更加聚焦跨界融合，通过整合医疗、科技、文化等多领域资源，为老年人打造一站式、个性化服务方案。例如，与保险公司合作推出养老服务保险产品，既满足老年人养老需求，又为企业提供稳定的资金来源。

政策引领

政府会持续在银发经济发展中扮演关键角色，通过出台一系列政策，优化发展环境，推动银发经济稳健前行。例如，完善养老服务体系，加强老年用品研发与推广，拓展养老服务场景，等等。

第 2 章

解析银发商机：认清中国经济的下一个风口

随着中国老龄化程度的不断提高，银发商机成为中国经济下一个极具潜力的风口。本章首先提出了适合中国国情的银发经济发展路线图，明确了短期、中期和长期目标；接着分析了银发经济在中国不同区域的热度，包括经济发展水平高且老龄化现象较为突出的地区、人口密集且老龄化态势较为严峻的地区、经济发展快速而老龄化问题不突出的地区，以及拥有鲜明特色资源的地区；最后详细分析了银发经济的热门赛道，包括基础性需求赛道、高阶需求赛道和品质性需求赛道，并探讨了在新形势下如何创建中国银发经济品牌，包括了解老年人需求、打磨产品、提升服务体验、打造品牌形象、开拓营销渠道和加强合作等方面。本章通过具体案例展示了如何将理论应用于实践，推动银发经济的可持续发展。

适合中国国情的银发经济发展路线图

我们要打造一套符合中国国情的银发经济体系。一方面，保证养老服务能精准对接老年人的需求，推动养老产业朝着多元化、专业化、智能化方向发展，让老年人生活得更幸福、更有品质。另一方面，由体系带动经济增长，推动社会进步，让银发经济成为国家经济的重要支柱产业。

●● 银发经济的短期目标（2025—2030 年）

首先，完善养老服务体系。要打造"居家为基础、社区来依托、机构作补充、医养相融合"的模式。到 2030 年，争取基本建成养老服务网络，大幅提升服务能力和水平，在扩大规模、提升质量、增加效益方面取得显著进展，让基本养老服务供给越来越好。

其次，培育市场主体，需多方发力。支持各类企业打造示范性普惠养老机构，并开展标准化试点示范建设。国有企业要发挥带头示范作用，结合自身主要业务，积极拓展银发经济相关领域。同时，要充分调动民营经济的活力，打破不合理的市场准入限制。在京津冀、长三角、粤港澳大湾区、山东半岛等地区，规划建设 10 个或以上高水平的银发经济产业园区。

再次，推动产业融合。让养老产业与医疗健康、文化旅游、金融等产业相互交融，让老年人在看病、出门、娱乐等方面都更加便利。在产品研发上，要加强对服装面料、款式结构及辅助装置等的适老化设计，重点开发适合老年人日常使用和休闲陪护的产品。同时，大力推广智能护理机器人、家庭服务机器人、智能防走失终端等智能设备。

最后，要优化发展环境，这需要在以下三方面下功夫。一是加强人才队伍建设，鼓励高等院校和技工院校开设银发经济相关专业，培养更多乐于服务老年人的专业人才。二是拓宽普惠养老再贷款政策支持范围，大力开展城市社区嵌入式服务设施建设。三是积极推动银发经济领域的跨区域合作与国际合作，为其发展注入新活力。

●● 银发经济的中期目标（2031—2035 年）

首先，要让养老服务网络更完善。力争到 2035 年，让服务供给和老年人需求更匹配，让每个老年人都能享受基本养老服务，打造出一套完全符合中国国情的成熟养老服务体系。不仅如此，还要进一步提升养老服务的个性化、专业化程度，满足老年人各种各样、不同层次的需求。

其次，要努力壮大银发经济规模。未来，银发经济规模会持续增长，到 2035 年，预计能达到 30 万亿元左右，占

GDP 的比例为 10% 左右。同时，要培育一批具有国际竞争力的银发经济龙头企业，打造知名品牌，推动中国银发经济相关产业向全球价值链的中高端迈进。

再次，要加强科技创新在银发经济发展中的应用。在智慧养老、康复辅具制造等领域投入科研资金，让人工智能、物联网、大数据等技术在银发经济的发展过程中得到充分运用，把产品和服务变得更智能、更方便。同时，鼓励企业积极研发适合老年人使用的技术、设施和产品，让市场变得更加规范有序。

最后，促进区域协同发展。要以都市圈为依托，推动产业集群化发展。加强不同地区间的交流合作，实现资源共享，发挥各自优势，打造一批特色突出、协同共进的银发经济区域增长极。

●● 银发经济的长期目标（2035 年以后）

首先，实现银发经济持续发展。要实现银发经济持续发展，就得搭建一套完善的产业体系，健全市场机制。让政府、企业、社会组织和家庭一起参与进来，形成可持续发展模式。持续推动银发经济和整体经济社会协调发展，让银发经济成为拉动经济增长、推动社会进步的重要动力。

其次，提升老年人生活品质。为提升老年人生活品质，要持续优化银发经济的产品与服务，全方位满足老年人在物质、精神和文化等方面的高品质需求，让老年人能共享发展成果，安享幸福晚年。与此同时，要重视老年人力资源的挖掘与运用，鼓励老年人参与各类社会活动，帮助他们实现老有所为的心愿。

最后，增强国际竞争力。要提升中国在银发经济领域的国际竞争力，打造一批具有全球有影响力的企业和品牌。积极投身国际竞争与合作，把中国的银发经济推向世界舞台，为全球解决人口老龄化问题贡献中国的智慧和方案。

透视银发经济在中国的区域性热度

当前，银发经济在中国发展得如火如荼，而且在不同地区呈现出不同的特点。

●● 经济发展水平高且老龄化现象较为突出的地区

2020 年，北京 60 岁及以上常住人口达 430 万人，占北京总人口的 19.64%。作为首都，北京在养老服务、老年文化方面资源充沛，众多企业投身银发经济。在政策的有力推动下，养老科技和老年教育等领域得到了快速发展。

上海是一座老龄化程度较高的国际化大都市，2020年 60 岁及以上常住人口达到 582 万人，占上海总人口的 23.40%。为应对老龄化挑战，政府推出了一系列政策措施，促进智慧养老、养老金融等领域的创新发展，并鼓励相关企业及养老设施通过发行上市和 REIT 项目等方式融资发展。

提醒：REIT 项目，即不动产投资信托基金项目，是一种将多个投资者的资金汇集起来，由专业机构管理，投资于房地产相关资产，并将投资收益分配给投资者的金融工具。

广州市为推动银发经济高质量发展，出台了《广州市促进银发经济高质量发展若干措施》。该措施聚焦老年人需求，结合本地优势产业，大力鼓励科技创新，对于符合相关要求的项目，最高给予 1000 万元的支持。

●● 人口密集且老龄化态势较为严峻的地区

四川作为人口大省，老龄化问题突出，其中成都 2020 年 60 岁及以上人口达 376 万人，占成都总人口的 17.98%。依托丰富的旅游资源，成都发展了老年旅游和养老地产，特别面向老年人推出了成都至九寨沟等康养旅游线路和天府熊猫之旅。

2020 年，重庆 60 岁及以上人口达 701 万人，占重庆总人口的 21.87%。当地充分利用资源，积极建设养老服务设施，提供老年健康服务，打造特色养老社区和康养基地。例如，綦江横山、武隆仙女山、石柱黄水等地已试点建设康养示范基地，配备基础服务设施并引进专业团队，为老年人提供多样化养老服务。

山东也是人口大省，老龄化程度较高。2020 年，青岛 60 岁及以上常住人口有 204 万人，占青岛总人口的 20.28%。2024 年 12 月，青岛发文为银发经济"撑腰"。目前，青岛在养老服务标准化、老年产品研发等方面已经小有所成，而且山东半岛正在规划建设高水平的银发经济产业园区，要为银发经济的发展添一把"旺火"，发挥集聚效应，让其发展得更红火。

●● 经济发展快速而老龄化问题不突出的地区

深圳老龄化程度较低，2020 年，60 岁及以上常住人口仅 94 万人，占深圳总人口的 5.36%。这里经济活力十足、科技领先，众多科技企业纷纷涉足银发经济，在智慧养老产品研发、老年金融创新等方面实力强劲，推出了智能健康监测设备、养老服务平台等丰富多样的产品和服务。

2020 年，杭州 60 岁及以上常住人口达 201 万人，占杭州总人口的 16.87%。作为互联网经济发达的城市，杭州在老年电商服务、数字健康养老等领域发展迅猛。杭州通过运用互联网、大数据等技术，为老年人提供便捷的生活服务，实现高效的健康管理，极大地提升了老年人生活的便利性与舒适度。

●● 拥有鲜明特色资源的地区

昆明气候好，四季如春，很受老年人欢迎，常有老年人去那儿养老、旅居。昆明景点多，像阳宗海度假区、安宁温泉、滇池风景区等，老年人玩得开心。当地还发展了老年康体、休闲旅游等产业，根据老年人的健康养生需求，创建了医养结合新模式，打造了健康养老服务体系，让医疗和养老产业融合，为老年人提供贴心的服务。昆明还举办了好几届国际大健康养生养老产业博览会，推动相关产业更好地发展。

江西印发了《江西省发展银发经济增进老年人福祉的实施意见》，提出发展"候鸟式"康养旅居式养老、大健康产业园、中医药健康旅游产业园等，并着重利用当地丰富的中医药资源和富硒土地资源，发展富硒功能食品等特色产品，以满足老年人的多样化需求，推动银发经济发展。

在广西，北海的"候鸟式"旅居经济越来越火，每年冬春季都有好多中老年旅居者去那里居住，2023年旅居人数超50万人次。北海凭借其靠海边的优势，大力发展旅居养老产业，建立了15个"候鸟驿站"、26个为旅居者开通"绿色通道"的医院，还引进了不少专业养老企业，探索多种养老服务模式，能满足不同层次的旅居养老需求。

银发经济热门赛道分析

银发经济涵盖多个热门领域。随着老年人口的增加，失能失智照护、老年食品与保健品、老年医疗健康管理等基础性需求市场不断扩大；在人们对高品质生活的追求下，老年旅游、老年教育、老年文体活动等高阶需求持续升温；同时，智能产品、养老金融、抗衰产品等品质性需求备受青睐。这些赛道共同推动银发经济繁荣发展，展现出巨大的市场潜力和前景。

●● 银发经济的基础性需求赛道

随着失能老人比例的上升，人们对社区养老和专业养老机构的需求不断增加，这为养老护理、医疗保健、养老地产等产业带来了巨大的市场潜力。

2024 年，中国失能、半失能老年人数量占全体老年人数量的 11.6%，约 3500 万人。这一庞大的群体对照护服务的需求促使养老机构分类改革，增加护理型床位供给。同时，长护险的推广为失能人员的护理服务解决了支付问题。预计到 2030 年，失能人口将达 1 亿人，这将进一步推动养老护理市场的快速发展。

如今，老年人健康消费意识不断提高，对各类有益于健康的产品需求增大。他们在营养保健、传统滋补及运动健身相关产品上的消费能力日益增强。

张大爷今年 65 岁，退休后越发关注自身健康。以往总觉得保健品是"智商税"的他，在了解养生知识后，改变了看法。现在，他每天都会服用维生素补充营养，还定期购买鱼油软胶囊，希望能养护心血管。

除了保健品，张大爷对传统滋补品也青睐有加，家中常备阿胶糕，天气转凉就会吃些来滋补身体，枸杞更是泡茶、炖汤都少不了。另外，热爱运动的他，为了锻炼时更安全，购置了专业的护膝、护腕，还在家里放了一台小型健身器材。

像张大爷这样的老年人越来越多，他们对营养保健、传统滋补、运动健身等产品的需求不断增长，消费能力也日益提升，使老年食品与保健品市场愈发火热。

老年医疗健康管理包括医院的老年病科、社区卫生服务中心的老年人健康管理服务等，涵盖医疗服务、健康管理、康复护理等方面，能为老年人提供全面的医疗保障，让老人看病更方便、身体更健康。

李奶奶今年 70 岁，患有高血压和轻度关节炎。以前去大医院看病，挂号、候诊常常让她疲惫不堪。如今，家附近社区卫生服务中心开展了老年人健康管理服务，医生定期上门为李奶奶测量血压，跟踪她的身体状况，还根据她的病情调整用药。

社区医生针对她的关节炎问题提供康复护理建议，教她一些简单的康复动作。当遇到社区无法解决的复杂病症时，社区卫生服务中心会及时联系医院的老年病科，为李奶奶开通绿色转诊通道。在那里，专科医生凭借专业的医疗服务，为李奶奶制订全面的治疗方案。

通过社区卫生服务中心和医院老年病科紧密配合的老年医疗健康管理模式，李奶奶看病方便多了，身体状况也得到了改善。

●● 银发经济的高阶需求赛道

如今，不少老年人既有意愿又有能力出去旅游。相较于走马观花式的游览，他们更钟情深度游、文化游，对旅游过程中的舒适度和体验感要求颇高。

王阿姨和老伴退休后，计划去云南旅游。他们没有选择常规的跟团游，而是报名了一个深度文化游项目。在大理，他们不仅参观了古城，还深入当地村落，体验白族的扎染技艺；在丽江，除了逛古城，他们还专门去听了纳西古乐演奏会。整个行程安排得宽松舒适，酒店都选在交通便利、环境幽雅的地方，餐饮也注重营养搭配，符合老年人的口味。这种深度游、文化游的方式，让王阿姨和老伴充分领略了云南的风土人情，旅游体验感非常好。

现在，老年人对学习知识和技能的需求不断攀升。为顺应这一趋势，老年大学、老年兴趣培训班等教育机构如雨后春笋般兴起，开设的课程丰富多样，满足了老年人的多元学习需求。

赵阿姨退休后，总觉得生活少了些乐趣。看到身边不少同龄人都在学习新东西，她也心动了。打听到家附近的老年大学开设了丰富多样的课程，赵阿姨立马报了名。她选了书法课，从横、竖、撇、捺开始，跟着老师一笔一画地练习，慢慢领略书法艺术的魅力。

一段时间后，赵阿姨又对智能手机应用产生了兴趣，便报名参加了相关兴趣培训班。在课堂上，老师耐心地教她使用微信视频通话，方便与远在外地的子女随时联系；还教她用手机拍照、修图，记录生活中的美好瞬间。

像赵阿姨这样的老年人越来越多，他们对知识和技能的学习需求非常强烈，促使老年大学、老年兴趣培训班等教育机构不断发展壮大，以满足老年人日益多元的学习需求。

老年人喜欢参加体育健身和文化娱乐活动，像广场舞、太极拳、老年合唱团等都很受欢迎。这带动了体育器材、文化用品等相关产业的发展，卖健身器材、乐器的店铺生意都变好了。

在阳光社区，每天傍晚都是一幅热闹的景象。李奶奶和一群老姐妹热衷于跳广场舞，她们跟着欢快的节奏翩翩起舞。不远处的小广场上，张大爷和几位老友则专注地打着太极拳，一招一式沉稳有力。社区里还有一支老年合唱团，每周定期排练，歌声悠扬。李奶奶她们跳广场舞需要音响设备，张大爷打拳有时会用到太极剑，合唱团的成员们也少不了各种乐器。这使社区附近卖健身器材和文化用品的店铺生意越来越好。店铺老板说，随着社区里的老年文体活动越来越丰富，他店里的音响、太极剑、乐器等的销量明显增加，大家的生活都因此变得更加丰富多彩。

●● 银发经济的品质性需求赛道

如今，像智能穿戴设备、智能家居系统这类高科技产品，正慢慢走进老年人的生活。它们让老年人的生活变得更加便捷，为他们带来了全新的生活体验。

　　李奶奶独自居住，子女们一直担心她的日常起居。一次偶然的机会，李奶奶的儿子为她购置了一套智能家居系统与智能手环。有了智能手环，李奶奶每天的心率、步数、睡眠状况都能被实时监测，数据还会同步到子女手机上。一天深夜，李奶奶起夜时不小心摔倒，智能手环自动检测到异常并发出警报，同时智能家居系统将李奶奶的位置信息发送给她的子女。接到通知后，儿子急忙联系物业赶去家中查看，所幸李奶奶并无大碍。平日里，李奶奶通过语音指令就能操控智能家居系统开关窗帘、调节室内温度。高科技产品的到来，不仅让李奶奶的生活更便利，也让子女们放心不少。

　　养老金融涵盖养老保险、养老理财及老年专属金融服务等，金融机构正积极推出适合老年人的保险、基金和理财产品，旨在满足他们多样化的资产管理和养老规划需求。

　　刘大爷和老伴儿快退休了。虽说退休后有退休金，但考虑到养老生活的长远规划，他们还是希望能合理管理资产，让晚年更有保障。这时，一家银行推出了专门针对老年人的养老金融服务。银行工作人员根据刘大爷家庭的经济状况，为他们推荐了一款稳健型养老保险产品，每年投入一定金额，退休后能获得稳定的养老金补充。同时，工作人员为他们搭配了一款低风险养老理财产品，预期收益较为可观。刘大爷觉得很合适，便入手了这两款产品。一段时间下来，养老保险按时缴费，理财收益也达到了预期。刘大爷感慨道，这些养老金融产品让他和老伴儿对未来的养老生活更有信心了，也满足了他们对资产管理和养老规划多样化的需求。

在如今"颜值经济"的大环境下，老年人越来越在意自己的形象。这一趋势让抗衰产品和服务市场慢慢火了起来，像抗皱的护肤品、美容整形手术等，都受到了老年人的关注。

王奶奶刚过60岁生日，以往她总觉得无须过多管理外表，但如今身边各种时尚信息不断涌现，"颜值经济"浪潮也悄然影响了她。有一次，她看到邻居张奶奶用了一款抗皱面霜后，脸部皮肤变得光滑紧致，心动不已。在张奶奶的推荐下，王奶奶也开始使用这款抗皱面霜。坚持一段时间后，她发现自己脸上的皱纹确实浅了些，整个人看起来更精神了。不仅如此，王奶奶还听闻社区里有几位老姐妹相约去做了眼袋去除的美容整形手术，效果十分不错。受此影响，王奶奶也在和子女商量，考虑尝试一些安全、合适的美容项目。如今，像王奶奶这样的老年人越来越多，他们对自身形象愈发重视，推动抗衰产品和服务市场持续升温。

新形势下如何创建中国银发经济品牌

在新形势下，要创建中国银发经济品牌，就得了解老年人的需求，把产品和服务做好，让品牌形象好起来，多找渠道推广；还得多和别人合作，这样才能让品牌在银发经济市场中站稳脚跟。新形势下创建中国银发经济品牌的策略如图 2.1 所示。

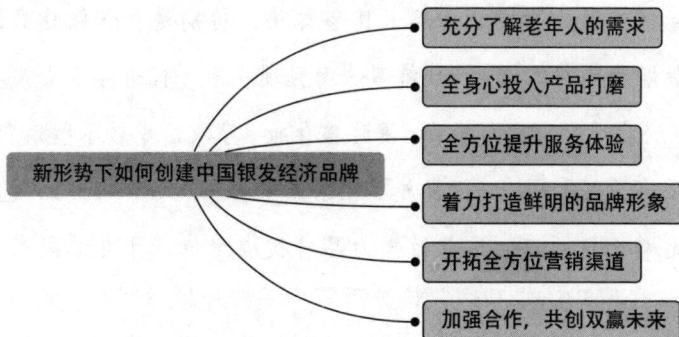

图 2.1 新形势下创建中国银发经济品牌的策略

●● 充分了解老年人的需求

要精准了解老年人的需求，可以通过问卷调查、深度访谈、焦点小组等方式，全面掌握他们在健康、生活、娱乐、社交等方面的需求、痛点和期望。

在跟老年人深入聊天时，我们认识了 75 岁的王奶奶。她特别在意怎样才能在家安全地做康复训练。同时，她希望社区能多举办一些适合老年人的文化娱乐活动，像书法班、园艺讲座什么的。另外，王奶奶还希望有个方便交流的地方，能和老朋友们随时联系，分享生活中的事儿。

还可以运用大数据技术分析老年人的消费行为、喜好和购买频率，帮助品牌找准定位、开发合适的产品。

就拿电商平台来说，分析老年消费者的浏览和购买记录，能看出他们的消费趋势。数据表明，"银发族"在生鲜食品、营养保健等方面的消费增长比整体快，特别是营养保健品的消费增速超整体增速 10 倍多。而且现在新一代老年人心态年轻，消费观念也像年轻人，更注重化妆、穿衣这类展示型消费。2025 年 1—9 月，"银发族"在京东平台网购珍珠饰品的数量同比增长超两倍。这些数据为品牌找准定位、开发适配产品提供了重要参考。

●● 全身心投入产品打磨

首先，做好适老化设计。不管是做实实在在的产品，还是提供服务，都得把老年人视力变差、听力下降、行动不太方便这些身体情况考虑进去。例如，在设计老年人使用的手机时，要把屏幕上的字变大，按键也弄大些，操作界面设计得简单点，让老年人容易上手；在开发养老社区时，要设置无障碍通道，地面还要防滑，避免老年人不小心摔倒。

其次，品质很重要。要用好材料和先进的技术，保证产品又好又耐用。例如，做老年家具，就用环保、结实又没有尖角的材料，这样老人用起来才安全。

最后，产品要有创新功能。跟随科技发展的脚步，给产品加点"新本事"。就像智能健康监测设备，能随时跟踪老年人的心率、血压这些健康指标，一旦指标不正常，系统马上自动报警，提醒老年人及其子女注意。

赵爷爷退休后，子女给他买了一套适合老年人用的智能家居系统。这套系统在设计上特别贴心，控制面板上的字又大又清晰，操作时语音提示声音也响亮，就算赵爷爷视力、听力不如从前，也能轻松操作。家里的智能门锁按键大，操作步骤简单，还有指纹识别功能，赵爷爷手指不太灵活，用起来却一点都不费劲。

家里的家具用的是既环保又结实的材料，边角都做成了弧形，不用担心磕着碰着。智能床垫更是厉害，用的是先进的记忆棉技术，能紧紧贴合赵爷爷的身体，让他睡得又香又稳。

最让家人安心的是智能健康监测设备，它能一直跟踪赵爷爷的心率、血压。有天夜里，赵爷爷血压突然升高，设备马上自动报警通知子女。子女赶紧联系医生，因为发现和处理及时，赵爷爷的病情很快就稳定了。这套智能家居系统从适老化设计、高品质到创新功能，方方面面都让赵爷爷的生活更方便、更安全。

●● 全方位提升服务体验

首先，要对提供老年服务的员工进行专业培训。培训内容包括：老年心理学，让员工明白老年人心里在想什么；沟通技巧，教员工跟老年人有效交流；护理知识，保证员工能照顾好老年人。就拿养老机构的服务人员来说，掌握了这些技能，他们就能和老年人顺畅地交流，了解对方的需求，把服务做到对方的心坎里。

其次，要提供个性化服务。每位老年人的情况都不一样，需求也不同，所以要根据老年人各自的状况量身打造服务。例如，对于患有糖尿病的老年人，要专门为他们制订合适的饮食计划，保证他们吃得健康、舒心。

最后，售后服务要方便。要专门为老年人打造一套售后服务体系，像上门维修、帮忙退换货这些服务都安排上。例如，老年人的电动代步车坏了，售后人员能及时到其家里修理，让老年人尽快继续使用。

李大爷刚住进养老机构时，性格孤僻，不爱和人交流。好在养老机构的服务人员都经过专业培训，懂老年心理学，一看就知道李大爷是不适应新环境。于是，服务人员主动和李大爷唠家常，耐心听他讲过去的事儿，这沟通技巧用得恰到好处。同时，服务人员凭借专业的护理知识，把李大爷的日常生活照顾得妥妥当当。慢慢地，李大爷敞开了心扉，和服务人员相处得特别好。

因为李大爷有糖尿病，养老机构为他定制了专属饮食计划，低糖又营养，李大爷吃得既健康又舒心。就这样，这家养老机构靠专业培训员工、提供个性化服务，还有方便的售后服务，实实在在赢得了李大爷的心。

●● 着力打造鲜明的品牌形象

首先，要把品牌定位搞清楚。在银发经济市场中，要找到自家品牌的独特位置。例如，有的品牌专注于高端养老服务，走高品质路线；有的则主打平价又实用的老年用品。就像有个品牌把自己定位成"提供高品质、价格亲民的老年健康食品专家"，让人一听就知道它是干啥的。

其次，要传递正能量。可以通过打广告、做公益活动等方式，传递积极的老龄化理念，让大家看到品牌对老年人的关心和尊重。例如，举办老年才艺大赛，这样既能丰富老年人的生活，又能让品牌在老年群体里更出名，大家对品牌的好感度也会提高。

最后，讲讲品牌故事。把品牌背后的事儿、品牌和老年人之间那些动人的故事说一说，让大家更容易对品牌产生情感共鸣。例如，分享一下品牌创始人因为关心家里的老人，决定投身银发经济创业的经历，这样能拉近品牌和大家的距离。

慢糖家就是一家在银发经济领域表现出色的企业。它专门为 45 岁以上的银发群体提供低 GI（血糖生成指数）食品，把自己定位成"慢糖食品专家"，靠研发低 GI 食品，搭配健康服务，帮助银发人群管好血糖。这一定位精准贴合老年消费者对健康的重视，让他们一下就明白品牌的核心价值。

在传递正能量方面，慢糖家大力宣传健康生活方式，倡导积极老龄化理念，成功赢得消费者的好感与信赖。其品牌背后的故事超感人：创始人出于对家中长辈健康的关心，毅然投身银发经济，研发适合老年人的健康食品。这种真情实感引发了消费者的共鸣，使品牌和消费者紧密相连，大幅提升了品牌的知名度和美誉度。

●● 开拓全方位营销渠道

首先，要格外重视线下渠道的布局。企业可以开设品牌专卖店、体验店，位置就选在老年社区、公园这种老人多、人流量大的地方。另外，可以与超市、药店、养老院等合作，把企业的产品摆出来，方便销售。

其次，线上渠道同样不可忽视。搭建品牌官方网站和电商平台旗舰店，让老年人及其子女能轻松了解产品，下单购买也更加便捷。此外，可以借助社交媒体平台进行产品推广与品牌宣传。例如，在抖音平台发布一些老年产品使用教程，或者分享品牌背后的故事，通过这些短视频吸引更多人关注产品。

最后，一定要重视口碑传播。要给老年人提供质量过硬的产品和贴心的服务，让他们发自内心地愿意帮企业做宣传。可以搞一些"老带新"优惠活动，让老客户介绍新客户，大家都能得到实惠，这样就能激励更多老年人帮忙推荐了。

日本老年旅游品牌 Club Tourism 靠线上线下融合及口碑传播，在银发经济市场大获成功。

线下，该品牌很重视老年用户体验，通过举办文化艺术课、理财保险讲座等活动，让老年人积极参与互动。它还借助日本"杂志文化"，发行 *Travel Friend* 杂志做宣传，同时举办"旅行回忆"摄影比赛，增强客户参与感，提高复购率。

线上，该品牌通过社交媒体和线上平台分享旅行故事、用户反馈，扩大品牌影响力。此外，它鼓励老年客户分享旅行体验，靠口碑吸引更多潜在客户。

这种线上线下相结合的模式，既满足了老年人的社交与情感需求，又凭借口碑效应提升了品牌忠诚度和市场影响力。

●● 加强合作，共创双赢未来

首先，要和高校、科研机构开展产学研合作。大家一起努力，研发出更多适合老年人的新产品。例如，和医学科研机构联手，一起研究更有效的老年康复设备，帮助老年人更好地恢复健康。

其次，行业间的合作也很关键。要与上下游企业建立战略合作伙伴关系，大家齐心协力打造一条完整的银发经济产业链。就像老年服装品牌和优质面料供应商合作，从而保证服装质量。

最后，跨界合作的威力不容小觑。要与其他行业的品牌携手搞跨界合作，借这个机会把品牌影响力进一步扩大。就像老年旅游品牌和保险公司合作，推出包含意外险的旅游套餐，这样既能给老年人的旅途增添保障，还能让两个品牌的名气都更上一层楼。

安康通控股在拓展银发经济市场时，通过多种合作模式取得了显著成效。首先，安康通与高校和科研机构开展产学研合作，利用外部科研力量和自身实践经验，研发出了更贴合老年人需求的智慧养老系统和相关产品。

其次，在行业合作方面，安康通作为中国数智养老全业务链服务运营商，与乳业巨头伊利集团达成战略合作，共同开发适合老年人的健康产品和服务，发挥各自在养老服务和乳制品领域的专业优势，打造完善的老年服务体系。

此外，在跨界合作方面，安康通与平安养老险合作，共同参与"三支柱"养老保险体系建设，为老年人提供更好的生活保障。

以上这些合作模式不仅提升了安康通的品牌影响力，也为银发经济的发展注入了新的活力。

第 3 章
银发互联网革命：
老年人智能手机市场的崛起

随着社会的进步和观念的转变，老年人对数字化生活的追求愈发强烈。智能手机作为连接网络世界的关键工具，为他们打开了与外界沟通、获取信息、享受娱乐的大门。本章首先讲述了当下老年人互联网使用现状，包括用户数量增长、应用多样化、适老化需求迫切及面临一定的风险等，展望未来在用户数量、使用场景、安全保障、社交互动方面的趋势；接着深入分析了智能手机在老年群体中普及受阻的原因，并提出了适老化设计、教育培训、增强社会支持等提升智能手机渗透率的举措；最后通过多领域案例，如健康医疗领域的丁香园平台、生活服务领域的银联助餐服务、社交娱乐领域的糖豆 App、金融理财领域的工行"幸福生活版"手机银行等，展现了定制数字服务如何满足银发群体的特定需求。

数字时代浪潮：老年人互联网使用现状和趋势

在数字时代，老年人上网的情况发生了显著变化。如今，使用互联网的老年群体规模不断扩大，他们的应用喜好丰富多样，对适老化服务的需求也十分迫切。不过，他们在上网过程中也面临一些风险与挑战。未来，随着技术的不断进步和社会关注的持续升温，老年人使用互联网将更加便捷、安全、多样化。

●● 老年人互联网使用现状

老年人互联网使用现状主要表现在4个方面，分别是涉足互联网的老年群体数量不断攀升、应用选择呈现多样化、对适老化服务的需求极为紧迫、面临一定的风险与挑战，如图3.1所示。

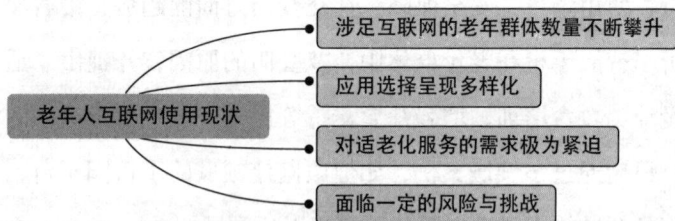

图3.1 老年人互联网使用现状

涉足互联网的老年群体数量不断攀升

中国互联网络信息中心数据表明，截至 2024 年上半年，中国网民规模接近 11 亿人。其中，60 岁及以上网民占比为 14.3%。与 2023 年 12 月相比，网民新增 742 万人，60 岁及以上人群在新增网民中占比为 20.8%。这表明老年人正在快速融入互联网世界。

还有数据表明，在 65～69 岁的老年人中，超半数在使用智能手机。在 70～79 岁的老年人中，这个比例是 31.2%。甚至在百岁及以上的老年人中，也有 1.3% 在使用智能手机。

应用选择呈现多样化

老年人使用智能手机的目的大多是接打电话、打视频语音电话，或者看新闻、听读小说、看电影电视剧等，以休闲娱乐为主。

另外，一些老年人开始试着使用网上挂号、网上银行和网购等功能。不过这么做的老年人不多，主要是因为这些应用的操作太复杂，老年人理解起来有困难，而且他们不太放心，觉得不安全。

王大爷日常使用智能手机，主要就是接听电话，方便和子女、老友联络；也常跟远在外地的孩子打打视频语音电话，缓解思念之情。闲暇时，他也看看新闻了解时事，或者听听小说、看看电视剧作为消遣。

但对于网上挂号、网上银行和网购，王大爷一直不太敢尝试。前段时间他身体不舒服，子女又不在身边，想在网上挂个号，可面对手机上密密麻麻的选项和复杂的操作流程，他完全不知所措，最后还是去医院窗口排队挂号。

提及网上银行和网购，王大爷更是直摇头，总担心自己不小心点错，钱就没了，觉得还是现金和线下交易更靠谱。

对适老化服务的需求极为紧迫

老年人使用智能手机和移动互联网应用，就图"有用"和"有趣"。因此，他们更喜欢字号大、界面简洁、颜色鲜明的应用，要是有适老专用版本，那就更好了。

李大爷最近刚学会使用智能手机。他最喜欢的是新闻App中的"大字模式"，字号大看得清，界面也很简单，没有乱七八糟的广告。他还会使用一个专门为老年人设计的音乐软件，界面中只有几个大大的按钮，点一下就能听他爱听的老歌。他跟我说："这种简单又实用的，我用起来才顺手。"

面临一定的风险与挑战

虽然不少老年人积极融入互联网，但他们面临诸多风险。虚假广告、网络谣言与网络诈骗层出不穷，而老年人因操作不熟练、认知能力下降，再加上情感上可能比较空虚，很容易成为不法分子的目标。还有部分老年人过度沉迷网络，不仅作息紊乱、影响健康，还让家庭关系变紧张。

张大爷的儿女都在外地工作，他退休后平常无人陪伴，便开始尝试接触互联网。他发现看短视频能打发时间，还能了解不少新鲜事，渐渐沉迷其中。他每天晚上都刷手机刷到很晚，第二天起得迟，三餐也不规律，原本硬朗的身体开始出现失眠、肠胃不适等问题。

更糟糕的是，有一次张大爷刷到一个宣传"神奇保健品"的广告，声称能包治百病。由于操作不熟练，他没仔细甄别，再加上长期情感空虚，渴望健康，便轻信了广告，花光了自己的积蓄。等儿女发现时，所谓的保健品公司早已人去楼空。这不仅让张大爷经济受损，还引发了家庭矛盾，儿女责备他轻信广告，张大爷自己也满心懊悔，家庭关系变得十分紧张。

●● 老年人互联网使用趋势

老年人互联网使用趋势主要表现在 4 个方面，分别是用户数量有望持续增长、网络使用场景将更加丰富、针对老年人的网络安全保障将全方位升级、社交互动的活跃度将不断攀升，如图 3.2 所示。

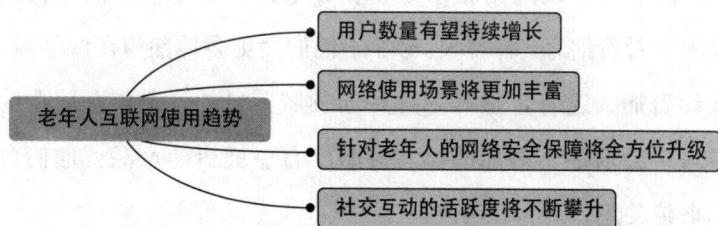

图 3.2　老年人互联网使用趋势

用户数量有望持续增长

互联网技术越来越发达，也越来越普及，老年人对互联网

了解得更多了，预计使用互联网的老年人也会越来越多。5G
网络等基础设施建设得越来越好，以后老年人上网也会更方便。

　　李奶奶今年 65 岁，以前她总觉得互联网离自己很遥远。
但这几年，互联网变得越来越常见，各种新东西不断冒出来。
慢慢地，李奶奶看到身边很多同龄人都在接触互联网，自己
也对互联网有了更多了解。

　　渐渐地，李奶奶学会了用智能手机上网。她发现，视频
通话能让她清楚地看到在外地工作的儿子一家，就像在眼
前一样。而且，5G 网络的网速快得很，刷视频一点都不卡顿，
看啥都流畅。她还经常在网上看一些养生知识和烹饪视频，
生活变得丰富多彩。现在，李奶奶逢人就说，互联网真是
越来越方便了。相信以后会有更多像她这样的老年人爱上
上网。

网络使用场景将更加丰富

　　随着互联网应用越来越新颖、丰富，老年人上网不再只
局限于看看信息、聊聊天。以后，他们会更多地参与在线学习、
远程看病，还有智慧养老这些新领域。另外，老年人网购的
需求也会增加，对那些穿着舒服、有益健康的产品，他们会
越来越关注。

　　王奶奶以前上网就是和外地的子女视频通话，偶尔看看
新闻。但这两年，互联网上的新花样越来越多。有一次，她
听邻居说可以在网上学书法，一下子就来了兴趣。通过在线

教育课程，王奶奶跟着专业老师一笔一画地练习，书法水平提高不少。

前阵子，王奶奶总觉得腰酸背痛，子女不在身边，去医院又嫌麻烦。她想起社区宣传过远程医疗，就试着在网上挂了号，和医生视频沟通。医生根据她的描述，给出了诊断和建议，还推荐了一些缓解疼痛的康复动作，这可帮了王奶奶大忙。

不仅如此，王奶奶网购也越来越频繁。她经常在网上挑选各种舒适的老年鞋和养生食品，像那些柔软轻便的鞋子，还有具有保健功效的蜂蜜、枸杞等，都是她购物车里的"常客"。

针对老年人的网络安全保障将全方位升级

考虑到老年人上网容易遇到安全风险，政府、企业还有社会各界，都会一起想办法，加强网络安全保障。例如，推动数字技术改造，使其更适合老年人使用，加大对网络的监管和执法力度，同时提高老年人的上网知识和技能。像一些大的头部企业，会持续把 App 改造得更方便老年人使用，让老年人在智能时代上网既安全又便捷。

刘奶奶平常喜欢在手机上看新闻、买东西。可前阵子，她不小心点了一个虚假链接，差点就把银行卡信息输进去了，她幸亏及时反应过来，才没造成损失。这件事之后，刘奶奶上网变得小心翼翼。

好在政府、企业和社会都关注到了老年人上网安全问题。社区专门组织了网络安全知识讲座，教刘奶奶她们识别诈骗信息，提高上网技能。政府也加大了网络监管力度，严厉打击网络诈骗。同时，一些大的头部企业，像刘奶奶常用的购物 App，进行了适老化改造，不仅将界面字号变大、操作流程简化，还增加了安全提示。现在刘奶奶再上网，感觉心里踏实多了，既能畅快地购物，又不用担心安全问题，真正享受了智能时代带来的便利。

社交互动的活跃度将不断攀升

互联网给老年人创造了很多社交机会，还提供了不少社交平台。借助社交媒体、在线社区，老年人既能和亲朋好友常联系，分享生活中的大小事儿，不再觉得孤单，又能通过网络游戏这类娱乐方式认识新朋友，扩大自己的社交圈子，让晚年生活变得更加丰富多彩。

李爷爷自从学会用智能手机，生活发生了很大的变化。他经常在微信上和远在外地的子女视频通话，分享自己每天的趣事，比如楼下新开了一家花店、小区里举办了什么活动，孩子们也会跟他讲工作和生活中的点滴，一家人的关系更亲近了。

除此之外，李爷爷还加入了一个线上象棋社区，在里面和全国各地的棋友对弈交流。有一次，社区组织线上象棋比赛，李爷爷积极参加，结识了不少志同道合的朋友。大家不仅在棋艺上互相切磋，还会聊聊生活、养生经验。现在，李爷爷每天都过得既充实又快乐，直夸互联网让他的晚年生活变得丰富多彩。

跨越数字鸿沟：
智能手机在老年群体中的渗透普及

智能手机发展得太快了，一下子就改变了大家的生活。可在这股数字潮流中，老年人想适应和融入，却遇到了很多难题，这就形成了一道"数字鸿沟"，得赶紧想法子跨过去。

近年来，尽管使用智能手机的老年人越来越多，可智能手机的普及率还不够高。现在大约 53% 的老年人有智能手机，比 5 年前多了 15%。但不少老年人不太会用智能手机，大多用它来打打电话、发发短信，或者简单地聊聊天、看看新闻。会用智能手机的老年人中，只有 18.1% 会使用手机支付功能，只有 9.6% 能在手机上预约看病。有些 App 推出了适合老年人的模式，然而能熟练使用这些 App 的老年人只占 8.1%，这表明适老化改造还有很大的改进空间。

●● 智能手机在老年群体中普及受阻的原因

可以从 4 个方面分析智能手机在老年群体中普及受限的原

因，分别是智能手机操作复杂且学起来难、老年人的身体特点、老年人的心理特点、社会层面的支持不到位，如图 3.3 所示。

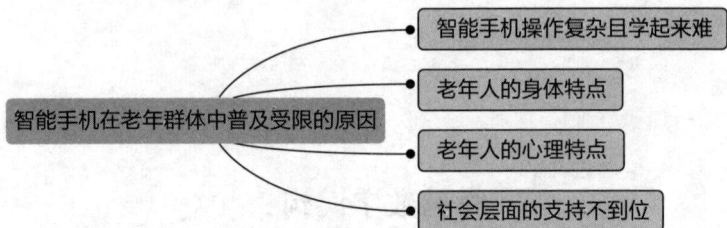

图 3.3　智能手机在老年群体中普及受阻的原因

智能手机操作复杂且学起来难

智能手机的操作比较复杂，和传统按键手机的差别很大，如触摸屏操作、多任务切换、下载和安装应用等，对习惯了简单按键的老年人来说，学起来比较费劲。此外，智能手机更新快，新功能不断涌现，老年人很难跟上节奏。

张大爷以前一直使用那种带按键的手机，操作简单，按几下数字键就能打电话、发短信。自从孩子给他买了一部智能手机后，他一下子就蒙了。就说触摸屏操作吧，张大爷总掌握不好力度和位置，想点个图标，要么点不上，要么点错了。

多任务切换对他来说更是一头雾水。有一次，他正在看新闻，突然来了个视频通话，接完电话后，他就不知道怎么切回之前的新闻页面了。还有下载和安装应用，张大爷根本不知道从哪儿下手，想下载个听戏曲的软件，捣鼓半天也没成功。

这还不算完，智能手机更新换代特别快，隔一段时间就推出新功能。上次孩子帮他更新了手机系统，结果又多了好多新功能，张大爷看着屏幕上的新图标和新操作，完全摸不着头脑，直感叹自己实在跟不上节奏。

老年人的身体特点

人上了年纪，视力、听力、手部灵活性都大不如前。智能手机屏幕上的字号一般较小，好些老年人看不清楚。有些软件设置的提示音音量很小，听力不好的老年人压根听不见。再加上手指不太灵活，老年人打字、滑屏幕的时候特别费劲，用起来别提多不顺心了。

李洋的奶奶使用智能手机的时候，屏幕上的字太小，她得戴上老花镜凑近了才能看清。有一次，她的手机收到了验证码，但提示音量太小，她根本没听见，等了好半天也没输入验证码，急得不行。还有一次，她想给亲戚发消息，但手抖得厉害，打字特别慢，滑动屏幕也总是不准确，折腾了半天消息也没发出去，最后还是李洋帮她弄好的。

老年人的心理特点

碰到像智能手机这样的"新玩意儿"，有些老年人心里直犯怵，怕自己学不会，还担心不小心操作错了，把手机弄坏或损失钱。不少老年人觉得老一辈的生活方式挺好，没必要折腾新东西，压根没意识到智能手机能给他们带来多大的便利，所以也懒得主动去学。

李奶奶今年 70 岁，儿女为了方便联系她，给她买了智能手机。但李奶奶看着手机，心里直发慌。

有一回，孙子想教李奶奶用手机拍照，可她连连摆手，小声说："我怕按错了，把手机弄出毛病，这玩意儿金贵着呢。"日常出门买东西，邻居们都用手机付款，方便又快捷。可李奶奶宁愿带着现金和银行卡，也不愿尝试。她总念叨："我怕一不小心，钱从手机里飞了，那可咋办？"

李奶奶每天依旧按部就班地过日子，早上买菜，中午回家做饭，下午和老友聊天。她觉得这样的生活既安稳又自在，智能手机那些花里胡哨的功能对她没啥用。有次社区组织智能手机培训，教老年人打车、网购，李奶奶却觉得没必要，她还是习惯坐公交出门，去商场亲自挑选商品。

社会层面的支持不到位

在家庭里，子女工作忙，没有太多时间和耐心教老年人使用智能手机。社区虽有培训，但不太系统，也不够持续，无法满足老年人全面学习的需求。市场上适合老年人的智能手机使用教程又少，形式也不够丰富，老年人很难学会。

王奶奶一直想跟上时代，学会用智能手机。她的儿子在一家互联网公司上班，每天早出晚归，周末还经常加班。王奶奶好几次想让儿子教她用手机，可儿子总是疲惫地说："妈，今天实在太累了，改天吧。"久而久之，这件事就被搁置了。

社区偶尔会组织智能手机培训活动，王奶奶每次都积极参加。但培训内容东一榔头西一棒槌，这周教拍照，下周直接跳到了线上支付，中间缺乏连贯的知识过渡。而且培训只开展了短短一个月，之后就没了下文，王奶奶还有好多疑问没弄清楚，只能不了了之。

　　王奶奶想靠自己学，便去书店找相关教程。可书架上的智能手机教程大多是面向年轻人编写的，内容复杂，专业术语多。她又在网上搜索，发现能找到的教程要么是冗长的文字说明，要么是语速很快的视频，很少有专门为老年人设计，方便他们理解的内容。这让王奶奶十分苦恼，智能手机的学习之路困难重重。

●● 提升智能手机在老年群体中渗透率的实用举措

　　智能手机在老年人中的普及，既能让老年人的生活更方便，也是社会数字化的重要一环。只要大家一起努力，就能帮老年人跨越数字鸿沟，让他们享受数字时代的利好。

　　提升智能手机在老年群体中渗透率的实用举措主要有 3 项，分别是智能手机的适老化设计、加大开展老年人智能手机使用教育培训力度、增强社会支持，如图 3.4 所示。

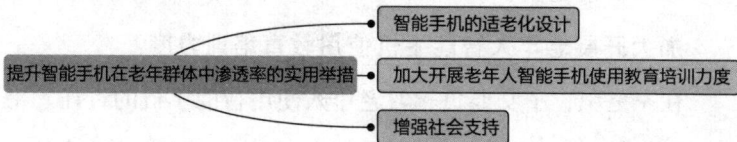

図 3.4　提升智能手机在老年群体中渗透率的实用举措

智能手机的适老化设计

手机厂商在制造手机时，得多为老年人考虑。老年人身体机能下降，手机使用习惯也和年轻人不同，所以手机要设计得更适合老年人使用。例如，把屏幕上的字号和图标弄得大大的，音量调高点，画面对比度拉满，操作界面和流程简化。最好专门设计一个简易模式，再开发一些简单好用的应用程序。另外，手机包装盒里要放一份详细又好懂的操作说明书，或者放置二维码，让老年人扫码就能看视频教程。这样老年人想学的时候，随时都能学。

华为"长辈关怀"3.0 版本的智能手机在适老化设计方面考虑得特别周到。屏幕不仅变大了，分辨率也提高了，色彩和对比度都根据老年人的视觉特点进行了调整，这样老年人看屏幕上的东西就更清楚、更舒服了。

此外，这款手机加入了先进的应用防护技术，能精准识别诈骗电话，直接把骚扰信息挡在门外，让老年人远离电信诈骗。更贴心的是，这款手机还配有一本《送给爸妈的手机使用指南》，里面的内容很详细，老年人只要照着学，很快就能轻松使用这款手机。

加大开展老年人智能手机使用教育培训力度

在家庭里，子女要负起教老年人使用智能手机的责任。平时有空的时候，子女要耐心、仔细地给老年人讲讲手机的基本操作，常用功能怎么用。社区也要出份力，和学校、公益组织合作，定期举办一些系统的智能手机培训课。上课的时候，不光要讲理论知识，还得让老年人动手操作，根据他们的学习情况专门进行辅导。另外，现在网络发达，可以搭建线上学习平台，让老年人不管什么时候、在哪儿，只要想学，打开平台就能学。

在青岛桃园小区，李爷爷和王奶奶老两口一直渴望融入数字时代，可面对智能手机，他们总是无从下手。

李爷爷的儿子小李在一家广告公司工作，虽说平日忙碌，但他每周都会抽出两个晚上，每次大概一小时的时间，陪父母学习智能手机。小李深知老年人接受新事物的速度慢，便从最基础的解锁屏幕教起，用简单易懂的语言解释："爸、妈，就像打开咱家大门一样，轻轻往上滑一下屏幕，手机就'开门'啦。"教父母使用电话功能时，他把每个联系人的名字和照片都存好，方便父母识别。为了让父母熟悉操作，他还让父母互相拨打电话，多练习几遍。

社区联合了附近的学校和公益组织，每月举办两次智能手机培训课程。培训地点设在社区活动中心，里面宽敞明亮，设施齐全。课程由学校的老师和公益组织的志愿者负责。在教微信视频通话的课堂上，先由老师在黑板上画出操作步骤图，详细讲解每个按钮的作用。接着由志愿者们一对一辅导老年人实操。王奶奶学得慢，手指不太灵活，点不准屏幕，志愿者小张就握住她的手，慢慢引导，还不断鼓励："王奶奶，您做得很好，再来一次肯定更熟练。"

线上学习平台也给老人们带来了极大的便利，李爷爷和王奶奶在家就能学习。有一次，王奶奶想给远方的亲戚发照片，却忘了操作步骤，她赶忙打开线上学习平台，找到相关教程，跟着视频一步步操作，顺利解决了问题。自从有了这些学习途径，老两口学会了用手机看新闻、网购生活用品，还能和远在外地的孙子孙女视频聊天，生活变得丰富多彩。

增强社会支持

政府要及时出台相关政策，鼓励企业和社会组织加入提升老年人数字素养的工作中来。如果企业开展适合老年人的数字服务，政府可以给它们一些政策优惠，再发点资金补贴，让企业更有动力。媒体平台也可以制作一些专门的节目，或者多发布一些科普文章，跟老年人讲讲智能手机能给他们的生活带来哪些好处，让他们不再害怕这些新技术。大家一起努力，营造出全社会都关心老年人融入数字时代的好氛围。

在杭州市，当地政府积极响应提升老年人数字素养的号召，迅速出台相关政策，规定企业若开展适合老年人的数字服务，如开发操作简易、界面适老化的数字产品，将获得税收减免等政策优惠，同时能依据服务的规模与成效，获得相应的资金补贴。

在政府的鼓励下，许多企业踊跃参与。某科技公司专门针对老年人推出了一款简化版的智能健康管理App，方便老年人查看自身健康数据、预约挂号。与此同时，杭州当地媒体积极行动，某电视台制作了一系列《老年数字生活指南》节目，详细介绍智能手机在社交、娱乐、生活缴费等方面的便捷之处，打消老年人对新技术的恐惧。报纸、新媒体平台也发布了大量科普文章，讲解如何使用智能手机与远方的子女视频通话、线上购买生活用品等。

通过政府、企业、媒体的多方协同，杭州市营造了全社会关心老年人融入数字时代的良好氛围，越来越多的老年人开始享受数字生活带来的便利。

定制数字服务：
满足银发互联网用户的特定需求

定制数字服务能够精准满足银发互联网用户的特定需求，不仅能提升老年人的生活质量，还能推动社会的和谐发展。未来，随着技术的进步和政策的支持，会有更多企业和组织投身其中，为老年人提供便捷、高效、安全的数字服务，助力老年群体更好地融入数字时代。

●● 健康医疗领域满足银发互联网用户的特定需求

健康医疗对保障老年人的生活质量极为关键。在数字化时代，满足老年网民，也就是银发用户的特殊需求，变得越来重要。健康医疗领域在这方面的探索和发展一直在持续推进，不断拓展服务的内容和范围。

丁香园推出专为老年人设计的健康科普平台

丁香园专门为老年人打造了健康科普平台，特别采用大字号和高对比度配色，这样哪怕是视力不太好的老年人，也能看得清清楚楚。平台上的内容都是常见的老年人慢性病防治知识，如高血压、糖尿病、冠心病等。

为了让老年人轻松理解这些知识，该平台没有使用那些复杂难懂的专业术语，而是用生动有趣的漫画和视频来讲知识。在讲糖尿病饮食注意事项时，平台通过动画展示米饭、馒头、水果这些常见食物的升糖指数，还教老年人合理搭配一日三餐，如早餐吃多少主食、搭配什么蔬菜，让老年人一看就明白。

该平台还有在线咨询功能，老年人要是有什么健康问题，可以随时向专业医生提问，医生会在一天内给出通俗易懂的回答。另外，该平台设有健康知识问答板块，老年人只要参与答题就能得积分，积分能兑换健康小礼品，像血压计袖带，方便老年人在家量血压；也可以兑换健康书籍，让老年人能学到更多知识。这样一来，老年人学习健康知识的积极性就更高了。

微医升级远程医疗服务，聚焦适老化需求

微医为方便老年人看病，对远程医疗服务做了适老化改造，让 App 使用起来更简单。一打开 App 首页，就能看到一个大大的"一键问诊"图标，就算老年人眼神不太好，也能一下子就找到，点一下就能快速进入视频问诊界面，和医生面对面交流。

预约看病的流程也简化了不少，老年人只要填写自己的基本健康情况，再选好要看的科室和医生，就预约好了。要是有的老年人不太会摆弄电子设备，也别担心，微医提供电话预约服务，只要打个电话，客服人员就会帮忙把预约的事儿都办好。

不仅如此，微医还和生产智能健康监测设备的厂商合作，老年人使用智能手环、体脂秤、血糖仪测量的数据能自动传到微医平台。例如，张大爷有高血压，他每天用智能血压计测血压，数据马上上传到平台，医生视频问诊的时候，能清楚地看到张大爷的血压波动情况，从而准确地给张大爷调整用药，让治疗效果更好。

腾讯健康启动"银发守护"计划

腾讯健康推出了"银发守护"小程序，旨在帮助老年人管好吃药这件事儿。老年人或其家属在小程序中输入药的名字、服用时间、服用量等信息。吃药时间一到，小程序就会用语音和消息进行提醒，老年人再也不怕忘记吃药了。

该小程序里设有药品小百科，用简单的文字和图片告诉老年人每种药的作用，有哪些副作用，吃的时候要注意什么等。例如，针对患有心血管疾病的老年人，小程序会教他们冬天保护心脏，如多穿点衣服、活动活动身体。

该小程序还会根据老年人的健康情况和关心的问题，向他们推送一些实用的健康小贴士，如冬天怎么养生、怎么防病等，都是简单易懂的话，还配有图片，让老年人一看就明白。这样，老年人就能更好地照顾自己，过得更健康。

●● 生活服务领域满足银发互联网用户的特定需求

在生活服务方面，以下 4 个定制数字服务案例很好地满足了老年网民的特殊需求，值得参考。

银联商务打造"如意养老"助餐服务

在上海长宁区虹桥街道，银联商务依托"如意"养老服务平台，和多方一起打造了 AI 食堂。这个食堂使用了智能餐饮一体化管理办法，设置有线上订餐系统，老年人在手机上就能订餐；线下的食堂也很智能，后厨还有机械帮忙操作，为社区里的老年人提供了既智能又方便的吃饭服务。

李大爷子女不在身边，他以前吃饭总是对付几口。现在有了这个 AI 食堂，他能提前在手机上选好爱吃的饭菜。到了饭点去食堂，直接就能取餐。

老年人在食堂吃饭，付钱的方式有不少，如人脸识别、现金、刷卡、扫码，还有数字人民币。付钱的时候，老年人还能享受政府补贴，赶上活动时还有支付满减优惠，特别实惠。要是有些老年人行动不方便，可以在手机端订餐，然后选择自己去取餐，或者让食堂送上门。这个贴心的方案可受欢迎了，已经在全国好多省份落地了。

重庆电信推出"渝工港湾、爱心翼站"特色服务项目

重庆电信重点打造了"渝工港湾、爱心翼站"服务品牌，为老年人提供多项免费服务。比如，老年人走累了，可以在这儿歇歇脚，渴了有水喝，手机没电了还能充电，要是找不到厕所，也有人给指引。工作人员还会给老年人讲一些防骗知识，提醒他们别上当受骗。就像之前有个王大爷，差点就被电话诈骗骗走养老金，在爱心翼站听了防骗课之后，才反应过来。

目前，重庆电信已经在全市39个区县和乡镇建成了2147家爱心翼站，一年能服务15.5万多人。

不光如此，爱心翼站还专门为老年人开了智慧助老课堂。在这儿，老年人能学习数字技能，学会用手机买东西、视频聊天等，从而跨过数字鸿沟。李奶奶以前不会用手机付款，在智慧助老课堂上学会后，现在她去超市买东西可方便了。爱心翼站就像老年人的"智慧站"，让他们也能跟上时代的步伐。

上海推出"一键叫车"智慧屏

上海市在不少社区安装了"一键叫车"智慧屏，给老年居民带来了很大的方便。老年人不用手机，只要刷一下身份证，或者直接点击屏幕上的叫车按钮，就能快速叫到车。这背后是平台和出租车公司合作，优先给老年人调配车辆。就像王爷爷，他子女不在身边，以前出门打车可麻烦了。现在有了这个智慧屏，他独自出门时，用"一键叫车"智慧屏，没几分钟出租车就到了，再也不用担心叫不到车。

有些智慧屏还有一个超实用的功能——生活缴费。像水电费、燃气费这些，都能在智慧屏上缴。缴费的流程特别简单，屏幕上会用大字号显示操作步骤，老年人按照提示一步一步来，就能轻松完成缴费。缴完费后，还能查询缴费记录，方便老年人核对，看看钱数对不对。李奶奶逢人就说，以前交水电费得跑老远，现在在社区里就能搞定，省心又省力。

京东推出适老化电商服务

京东为了让老年人购物更方便、更舒心，推出了很多适老化电商服务。京东 App 专门上线了"长辈模式"。在这一模式下，字号变大了，界面也变得简洁，商品一目了然。语音搜索功能也变强大了，老年人要是不太会打字，直接发语音就能搜索商品。像张大爷眼神不太好，以前在手机上购物，眼睛都看花了，还没找到想要的东西。现在用了"长辈模式"，张大爷感觉轻松多了。

更贴心的是，该模式还能识别川渝等方言，就算老年人普通话说得不太好，也能顺利搜索商品。支付流程也优化了，除了常见的支付方式，还支持货到付款，要是老年人觉得线上支付不放心，等东西送到再给钱就行。要是老年人对操作不太熟练，还能让家人代付。

京东健康这边也没闲着，搞了全网第一个"长辈专属客服互动陪伴直播间"，每天从早上 8 点到晚上 8 点，一直陪着老年人。如果老年人有购物方面的疑问，或者想咨询产品信息，都能在直播间得到解答。有时候老年人只是想找人聊聊天，主播也会陪着唠唠。李奶奶就经常在直播间问一些保健品的问题，一来二去，和主播都熟络了，购物体验可好了，对京东的好感度也大幅提升。

另外，京东健康 App 开设了"健康养老"专属频道，里面有助行、助听、助浴、康复护理等各种各样适合老年人的产品。还有专门的长辈专属客服团队 24 小时在线提供服务，不管是老年人购物咨询，还是售后问题，客服团队都能及时帮忙解决。

●● 社交娱乐领域满足银发互联网用户的特定需求

只要准确了解老年人的需求，再在设计上多考虑他们的特点，创新一些实用的功能，就能让老年人在社交娱乐时更开心，让他们的网上生活变得丰富多彩。

糖豆 App：致力于丰富老年群体社交娱乐生活的平台

糖豆 App 可受欢迎啦，它主打广场舞，吸引了好多老年朋友。老年人在糖豆 App 上面上传自己跳舞的视频，全国各地的舞友都能看见，大家一起互动交流，可热闹了。就像北京的赵阿姨，她们社区舞蹈队每次排练了新舞蹈，都会在糖豆 App 上分享。这不，全国各地的舞友看到后，纷纷点赞、留言，还分享各自的舞蹈心得。赵阿姨她们认识了好多新朋友，社交圈子一下子就变大了。

除了广场舞视频，糖豆 App 上还有很多适合老年人的娱乐内容，像经典戏曲、怀旧歌曲啥的，应有尽有。而且它的搜索功能很贴心，支持语音操作，对不太会打字的老年人来说，方便得很。比如说张大爷，他就爱听京剧《贵妃醉酒》，只要对着手机说出歌名，就能找到并播放，别提多省事了。

糖豆 App 上还设有各种各样的兴趣小组，除了舞蹈相关的，还有摄影、书法小组。拿摄影小组来说，李叔叔喜欢拍照，他就在小组里和其他老年人交流拍摄技巧，展示自己拍的风景照，大家互相学习，感情也越来越好。老年人在这些小组里交流创作经验、展示作品，彼此之间的感情更亲近了。

闲趣岛：致力于丰富中老年兴趣社交生活的平台

闲趣岛集合了各种各样适合中老年人的兴趣活动，像园艺种植、棋艺切磋、手工制作等，都能在上面找到。就拿园艺种植来说，平台上专门设有园艺小组，那些喜欢种花养草的叔叔阿姨们在小组里分享自己种花卉的经验，比如什么时候浇水、施什么肥。他们还会晒出自家花园的漂亮照片，一起交流花卉养护技巧。李阿姨就通过这个小组学到了好多养花小窍门，把家里的花养得越来越好，还认识了不少同样爱花的朋友。

闲趣岛的社交界面简单又清楚，老年人很容易上手，能轻松发起聊天，还能自己组建群组。要是喜欢下棋，还能在上面找到同城的棋友，或者跟自己棋艺水平差不多的对手在线上"杀几盘"。下完棋，大家还会交流下棋的思路，讲讲这步棋为什么这么走，感情也越来越好。

闲趣岛不光在线上交流得热闹，还经常组织线下活动。例如，闲趣岛会定期举办手工制作交流会，老年人能在现实中聚到一起，一起动手做手工。王奶奶参加了一次手工编织交流会，和其他老年人一起织围巾、编手工艺品。大家一边做一边聊天，特别开心。

携程老友会：聚焦中老年群体出行服务

携程老友会特别关注中老年朋友的出行特点和需求，推出了好多适合他们的旅游产品。就拿旅游线路来说，携程老友会设计的旅游节奏慢悠悠的，行程也不紧凑，这样老年人就不会太累。像"江南水乡慢游"这条线路，给老年人留出了充足的时间，让他们能在古镇里悠闲地散步，欣赏水乡的美丽风光，好好感受江南的独特韵味。

携程老友会还配备了专业的老年旅游服务团队，从旅客咨询行程到预订再到整个旅行过程，都会提供全方位保障。比如说，旅行时，携程老友会会安排随队医护人员。之前有位刘大爷在旅途中有点不舒服，医护人员马上帮忙处理，让刘大爷和家人都特别安心。导游也是经过专门培训的，很了解老年人的需求，服务起来那叫一个贴心周到。

在预订方面，携程老友会也花了不少心思。它优化了预订流程，操作步骤变得特别简单，预订界面也简洁清楚，让人一看就明白。除了线上预订，它还保留了电话预订的方式，像李奶奶不太熟悉网络操作，就可以直接打电话预订。客服人员都特别耐心，会仔细解答老年人的各种疑问，帮忙完成预订，让中老年人轻轻松松就能开启美好的旅行。

●● 金融理财领域满足银发互联网用户的特定需求

定制数字服务在金融理财方面能精准满足老年网民的特殊需求，通过提供方便好用、专业靠谱且能根据个人情况进行调整的服务，帮他们把钱管得更好，让他们能轻松享受数字金融带来的便利，感受理财的乐趣。

中国工商银行手机银行"幸福生活版"：聚焦老年群体需求

中国工商银行考虑到老年客户的需求，专门推出了很多风险低、收益稳的理财产品。就拿特定期限的大额存单来说，它的利率比一般的存单要高，而且安全有保障，就像给储户的钱上了一把坚固的锁。

在宣传这些产品时，线下，网点的理财经理会和老年客户一对一地交流，仔细讲解产品特点和收益。王大爷之前去银行，理财经理就花了不少时间，给他讲清楚了一款理财产品的收益情况，让王大爷心里特别踏实。线上，"幸福生活版"手机银行会用简单清晰的图表，把收益的变化情况展示出来，让老年人一看就明白。

"幸福生活版"手机银行的界面也做了特别适合老年人的设计。字号很大，图标也清楚，老年人即使眼神不好也能看清。在安全方面更是下足了功夫，除了密码，老年人还能用指纹、刷脸这些既方便又安全的方式登录。要是老年人转账的金额比较大，系统马上会提醒可能存在的风险，还能直接一键联系客服，确认是不是本人操作。李奶奶有一次转账，系统检测到金额较大，及时提醒了她，避免了可能的风险，让她感觉特别安心。这样一来，老年客户的资金安全就更有保障了。

浦发银行：智造全景财富管理服务

浦发银行的"智造全景财富管理服务"利用数字化技术，给客户带来了超棒的财富管理体验。该服务对投资的方方面面都能照顾到，还能根据每个人的情况专门定制产品。

该服务依靠大数据和人工智能技术，把客户的喜好了解得透透的，就像给每位客户画了一幅360度无死角的画像。比如，客户快到退休年龄了，系统就知道客户可能更需要养老规划方面的服务，然后根据客户的具体情况，给出一套专门的财富管理方案。要是客户家里有孩子快上学了，系统也能根据这一情况，为客户量身打造合适的理财计划。

除此之外，浦发银行还推出了"数字理财专员"，一天24小时，一周7天，随时都能为客户服务。它能帮客户解答投资方面的疑问，推荐合适的产品，分析客户手里持有的资产情况，前前后后能提供260项智能服务。就好比张大爷想了解一款理财产品，数字理财专员马上就能详细介绍这款产品的特点、收益情况。

另外，借助虚拟营业厅，客户不用出门，不但能在线完成风险评估，知道自己适合哪种投资方式，还能得到资产配置建议，看看自己的钱怎么分配更合理。此外，客户能看到产品演示，就像亲眼看到产品一样，最后直接下单购买。整个过程就像和理财顾问面对面交流一样方便。

通过这些服务，客户体验更好了，还能借助智能手段，把自己的财富规划得更合理，管理得更到位，让钱生更多的钱。

支付宝特色专区：聚焦养老需求

支付宝的养老专区就像贴心的养老管家一样，全方位照顾客户的养老需求。它把各种养老产品整合到一块儿，像商业养老保险、养老基金等，都能在这儿找到。

就说 60 岁的李大爷吧，他辛苦了大半辈子，就盼着晚年生活能过得踏实、富足。他打开支付宝养老专区，使用里面的智能评估功能填写自己的储蓄情况、对未来养老生活的期望等信息。没一会儿，系统就根据这些信息向他推荐了一款合适的商业养老保险。李大爷买了之后，每个月都能多一笔稳定的收入，心里别提多踏实了。

专区的工作人员知道，现在金融知识越来越重要，老年人要是不懂，很容易吃亏。因此，专区专门设置了养老知识板块，用图文、视频这些简单的方式教大家合理规划养老金、防范金融诈骗。专区每周都会举办线上讲座，请金融专家来给大家答疑解惑。张奶奶平时就爱关注这些知识。有一次她接到一个电话，对方说她中了大奖，要先交手续费才能领取。张奶奶一听，想起养老专区讲的防诈骗知识，马上就意识到这是诈骗电话，于是她直接挂了，成功保住了自己的养老钱。

除了帮大家理财，支付宝养老专区还和人们的日常生活紧密相连。它能关联生活缴费、养老金领取等功能。老年人可以在专区直接缴纳水电费。王奶奶每个月都通过支付宝养老专区领取养老金，顺便把水电费交了。她高兴地说："以前交水电费还得跑老远，现在在家动动手指就搞定了，太方便啦！"每次养老金到账后，专区还会及时给老年人推送消息，让他们随时了解自己的资金情况。

第 4 章
健康享老：
老龄化时代新刚需

本章聚焦"健康享老"，首先概述了老龄化背景下健康养老产业的兴起，归因于老年人口激增、健康意识提升、消费观念升级及社会经济进步等；接着剖析了银发族群在生理健康、心理健康和生活健康方面的多元化需求，揭示健康市场的巨大潜能；然后介绍了政策推动下的护理康养服务体系，包括居家、社区、医养结合及农村养老服务的全面发展；最后探讨了跨界融合与创新模式，如"养老＋互联网""养老＋物流""养老＋金融"等，这些创新不仅优化了养老服务，还丰富了老年人的生活品质。

健康养老产业的兴起与发展趋势

健康养老产业蓬勃兴起，发展态势一片大好。未来，这个产业会持续快速发展，还会和其他产业加速融合，催生出新的业务类型和赚钱机会。此外，科技对健康养老产业的支持会越来越强，为老年人提供的个性化服务也会越来越多。政府也会继续出台相关政策，引导产业发展，让健康养老产业发展得越来越好。

●● 健康养老产业的兴起

健康养老产业的兴起主要得益于老年人口数量持续增长。庞大的老年群体对健康养老服务产生了巨大需求，为产业发展提供了广阔的空间。除这个原因外，健康养老产业的兴起还有其他原因，如图 4.1 所示。

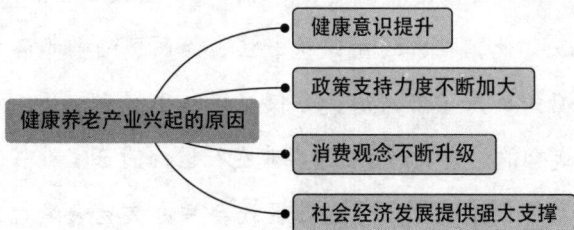

图 4.1　健康养老产业兴起的原因

健康意识提升

现在大家日子越过越好，对健康的关注点也变了，不再只想着生病后怎么治疗，而是更看重提前预防疾病，做好日常健康管理。健康养老产业正好把老年人的身体需求和心理需求都考虑进去了，既照顾他们的日常生活，又提供医疗保健服务，还关注他们的精神文化生活，方方面面都很周到，完全符合大家对高品质养老生活的期望。

张大爷和李奶奶老两口以前日子过得紧巴巴的，就顾着吃饱穿暖。如今儿女工作稳定，生活条件大幅改善，他们也开始琢磨怎么能活得更健康。以前张大爷总是等到身体不舒服了才去医院，现在却养成了定期体检的习惯，还会跟着养生节目学做健康餐。李奶奶则每天坚持打太极，说是能强身健体、预防疾病。

儿女们为了让老两口安享晚年，送他们去了一家口碑很好的健康养老社区。在那儿，每天都有营养均衡的饭菜，工作人员会贴心照料他们的起居。社区里有医务室，医生会定期给老人检查身体，建立健康档案，实时监测各项指标。

不仅如此，社区还组织了书法、绘画、唱歌等各种兴趣班。李奶奶加入了书法班，不仅写得一手好字，还结识了不少志同道合的朋友。张大爷则喜欢在社区的阅览室看书、看报，了解各种新鲜事儿。周末，社区还会举办文艺表演，大家一起唱歌跳舞，热闹非凡。

健康养老社区从生活中的点点滴滴，全方位照顾老两口的身体需求和心理需求，让他们的晚年生活丰富多彩，真正实现了高品质养老，这也正是健康养老产业兴起的一个生动体现。

政策支持力度不断加大

国家出台了一系列政策推动健康养老产业发展，为产业营造了良好的政策环境。例如，《关于全面放开养老服务市场　提升养老服务质量的若干意见》提出全面放开养老服务市场，激发市场活力。《"十四五"积极应对人口老龄化工程和托育建设实施方案》则重点支持养老机构建设和运营，推动医养结合和普惠养老服务发展。这些政策不仅完善了养老服务体系建设，还通过财政金融支持、人才队伍建设等措施，推动了健康养老产业高质量发展。

在我们的生活中，能实实在在感受到国家政策对健康养老产业的推动。就拿隔壁王奶奶家来说，王奶奶今年70多岁，子女都在外地工作，平常独居。之前她想找个合适的养老院，可看了几家养老院，要么环境差，要么服务不到位。

后来，当地政府依据《关于全面放开养老服务市场　提升养老服务质量的若干意见》出台了相关政策，吸引了不少社会资本投入养老产业。一家连锁养老机构瞅准机会，在当地开了分院。

借助《"十四五"积极应对人口老龄化工程和托育建设

实施方案》的政策东风，政府在财政上给予这家养老院建设资金支持，还帮忙培训专业护理人员。养老院环境优美，房间干净整洁，有专门的康复中心、娱乐活动室。

王奶奶入住后，每天都有医生查房，定期体检，还能参加书法、舞蹈等兴趣班。护理人员 24 小时值班，随叫随到。政府还通过补贴政策帮王奶奶减免了部分费用，让她花不多的钱，就能享受高质量的养老服务。这实实在在体现了国家政策对健康养老产业的推动，给老年人带来了幸福的晚年。

消费观念不断升级

如今，老年人的消费观念慢慢变了。过去，他们大多只想着满足吃穿这些基本生活需要。但现在不一样了，老人们对养老服务的要求越来越高，既想要个性化的专属服务，也希望能有多种多样的选择。只要养老服务质量好，能让他们过得舒心，他们都愿意掏钱。正因为这样，健康养老产业发展得越来越红火。

在杭州的某个社区养老服务中心，以前老人们只要求能有个地方吃饭、休息就行。现在，他们不仅要求饭菜营养健康，还希望有更多活动可以参加，如定期举办健康讲座、手工制作活动、旅游等。服务中心根据老人们的需求，推出了个性化的服务套餐，包括康复理疗、心理辅导和文化娱乐活动，收费也比以前高了一些。但老人们觉得这些服务能让他们生活得更充实、更快乐，所以都很乐意付费。这种变化正是健康养老产业蓬勃发展的一个缩影。

社会经济发展提供强大支撑

经济的不断发展让健康养老产业有了更好的发展条件。一方面，企业资金宽裕了，能投入更多资金研发健康养老产品和服务；另一方面，老年人和他们的家庭更有钱了，愿意花钱享受更优质的养老服务。

在南京，一家养老机构最近引入了智能健康监测设备，这些设备可以实时监测老人的血压、血糖等健康指标，并将数据同步给医护人员。企业能够投入这样的高科技设备，正是因为经济条件好了，手头资金更充裕了。

同时，老人和他们的家庭愿意为这些高质量的服务付费。像张大爷的子女认为，虽然这套设备的使用费用比普通服务贵一些，但能更好地保障父亲的健康，所以他们很乐意承担这笔费用。这就是经济发展带来的实实在在的好处。

●● **健康养老产业的发展趋势**

健康养老产业正蓬勃兴起，未来的趋势将聚焦于智慧养老、医疗服务与养老服务深度融合、提供量身定制的服务，如图 4.2 所示。

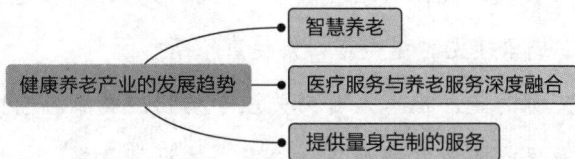

图 4.2　健康养老产业的发展趋势

智慧养老

智慧养老，就是依靠信息技术，让养老服务变得更聪明、更自动化。这样一来，老人享受服务不仅更方便，也更精准。比如说智能康养机器人，它可帮了大忙，既能在日常生活中给老年人搭把手，陪老年人玩游戏、聊天，还能给老年人做健康监测。现在，智慧养老的产业链越来越完善，从上游提供技术和设备的企业，到中间生产产品、提供服务的企业，再到下游的老年需求市场，形成了一个完整的体系。

李奶奶独自居住在市区的老房子里，子女都在外地工作。自从引入智慧养老服务后，她的生活发生了很大的变化。

社区为李奶奶配备了一台智能康养机器人，这个小家伙就像贴心的小管家。每天早上，机器人会准时播放轻柔的音乐，提醒李奶奶起床，并根据她的健康状况给出穿衣、饮食建议。李奶奶起身时，机器人能敏锐地感知到并迅速滑到她身边提供搀扶助力。

日常居家时，李奶奶若想了解天气、新闻，或者听喜欢的戏曲，只需要跟机器人说一声，它马上就能满足李奶奶的需求。闲暇时，机器人还会陪李奶奶玩简单的互动游戏，像猜谜语、成语接龙，逗得李奶奶笑声不断。

更关键的是，机器人时刻关注李奶奶的健康。它内置的专业传感器能实时监测血压、心率、体温等数据，一旦发现异常，会立即通知社区医护人员，同时向李奶奶的子女发送预警信息。

在这个智慧养老体系中，智能康养机器人由上游科技企业研发制造，搭载先进的传感、通信技术；中游的养老服务机构负责将机器人引入社区，并提供配套的运营维护、技术支持，确保设备稳定运行；而李奶奶作为下游需求市场的一员，切实享受到了全方位的智慧养老服务。如此一来，即便子女不在身边，李奶奶也能过上安心、舒适、有滋有味的晚年生活。

医疗服务与养老服务深度融合

医养结合就是把医疗服务和养老服务结合在一起，让老年人既能得到健康方面的照顾，如看病、康复等，又能得到日常生活照料，如做饭、打扫卫生等，同时满足老年人健康和生活两方面的重要需求。

在成都的一个社区养老中心，老人们不仅能享受日常的生活照料，如有人帮忙做饭、打扫卫生，还能随时看医生、做康复治疗。该中心有专门的医护人员，每天定时查房，给老人们量血压、测血糖，还提供康复指导。这种医养结合的模式让老人们既不用担心生病没人管，也不用操心日常生活，真正实现了健康和生活的双重保障。

提供量身定制的服务

现在老年人的需求越来越多样，健康养老产业开始注重提供个性化服务。未来，适老化产品和服务会根据老年人的身体状况、生活习惯与兴趣爱好，提供量身定制的解决方案。

在北京的一个养老社区，工作人员会根据每位老人的身体状况和兴趣爱好制订专属的服务计划。比如，对于有慢性病的老人，提供定制的健康饮食和康复训练；对于喜欢书法的老人，开设书法班并配备专业老师指导。这种量身定制的服务，让老人们感觉很贴心，也体现了健康养老产业个性化服务的发展方向。

银发族群的健康需求与市场洞察

随着老龄化进程的加快，银发群体的健康需求日益多元且个性化，从日常保健到疾病治疗，从生理照护到心理关怀，涵盖了日常生活的方方面面。这一趋势让健康市场迎来了前所未有的发展机遇。企业要想在这个竞争激烈的市场中崭露头角，就得深入了解老年人的各种需求，推出既新颖独特，又专业靠谱，还方便智能的健康管理方案。

●● 银发族群的健康需求

银发族群的健康需求涵盖生理、心理及生活等多个维度，包括身体健康维护、心理健康关怀及对便捷舒适的生活方式的追求，如图4.3所示。这些全面且系统的需求驱动健康市场向更加多元化、个性化的方向发展。

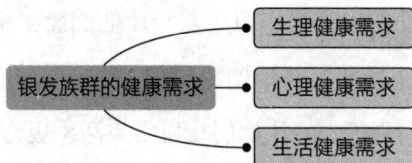

```
                    ┌──→  生理健康需求
   银发族群的健康需求 ├──→  心理健康需求
                    └──→  生活健康需求
```

图 4.3　银发族群的健康需求

生理健康需求

老年人身体机能逐渐变差，容易患上高血压、糖尿病、心血管疾病等慢性病，需要长期吃药和定期体检来监测病情、调整治疗方案。老年人一旦遇到骨折、中风等突发急性病症，需要得到及时、高效的紧急救治。

张大爷今年 70 岁。随着年龄的增长，张大爷的身体机能明显变差，前几年查出高血压和糖尿病。他每天都要按时吃药，还得定期去医院体检。每次体检后，医生都会根据各项指标调整用药剂量，这让他的病情一直控制得比较稳定。然而，有一次张大爷在家里不小心摔倒导致骨折，家人紧急拨打 120，急救人员迅速赶到并将他送往医院，张大爷得到及时救治，这才避免了更严重的后果。

像张大爷这样的老年人不在少数，对他们来说，慢性病的长期治疗和定期体检，以及急性病症的及时救治，都是保障他们健康生活的重要基础。

失能、半失能老人，还有术后康复的患者，都特别需要专业的康复训练。例如,帮助他们恢复肢体功能,让他们能重新活动自如;帮助他们进行语言康复,让他们能正常交流。同时,拐杖、轮椅、助行器这些辅助器具很关键,能实实在在地帮助他们提高生活自理能力,让他们在日常生活中更方便、更独立。

小区里有一位李奶奶,她做完髋关节手术后行动不便,只能卧床。康复师定期上门帮她做腿部肌肉按摩和简单的关节活动训练。后来,家人给她买了助行器,康复师教她怎么用。经过几个月的训练,李奶奶不仅能自己慢慢走动,还能在小区里散散步。有了助行器的帮助,她生活更方便了,心情也好了很多。

人上了年纪,身体吸收和利用营养的能力就不如从前了。因此,老年人特别需要针对性地补充营养。像富含钙和维生素D的产品就很重要,它们能帮助老年人维持骨骼健康,让老年人的骨头更硬朗,不容易骨折。还有富含膳食纤维的产品,能促进老年人肠道蠕动,让他们消化得更顺畅,减少便秘的烦恼。

王奶奶今年75岁,随着年龄的增长,她明显感觉自己的身体大不如前。以前她走路稳稳当当的,现在稍微走快一点就觉得腿软,还总抽筋。去医院检查后,医生说她有点骨质疏松,这和上了年纪后身体对营养的吸收能力下降有关,建议她补充钙和维生素D。

于是,王奶奶每天都会喝一杯高钙牛奶,还会吃一些富含维生素D的深海鱼油软胶囊。坚持了一段时间后,她感觉自己的骨头硬朗了不少，腿抽筋的情况也很少出现了。另外，王奶奶之前总被便秘困扰，肚子胀得难受。后来，她开始每天吃富含膳食纤维的燕麦片，多吃新鲜的蔬菜水果。慢慢地，她的肠道蠕动变正常了，消化好了，便秘问题也解决了。

心理健康需求

退休之后，很多老年人的社交圈子越来越小，子女又忙，没多少时间陪在身边，心里别提多孤单了。对他们来说，社区活动、老年俱乐部这些社交平台，就像温暖的港湾。在那儿，他们能和同龄人聊聊天、一起活动，心里的寂寞一下子就排解了，日子也过得更有滋味。

张大爷退休后，每天的生活变得单调又乏味。以前工作时还能和同事们交流，现在社交圈子越来越小，子女都在外地工作，一年也回不了几次家，他常常一个人对着空荡荡的屋子发呆，心里满是孤单。

后来，在邻居的推荐下，张大爷加入了社区的老年书法俱乐部。在俱乐部里，他结识了许多和他一样热爱书法的同龄人。大家聚在一起，不仅会互相交流书法技巧，分享生活中的趣事，还会一起参加社区组织的文化活动。

自从参加了这些社交活动，张大爷的脸上重新洋溢出了笑容，不再觉得日子难熬。现在的他每天都盼着去俱乐部和老友们相聚，生活既充实又快乐，真正感受到了社交陪伴带来的温暖。

老年人退休或遭遇丧偶等重大生活变化后，身份转变带来的落差感很容易让他们产生难过、失落等负面情绪。这个时候，专业的心理咨询和来自家人朋友的情感关怀就特别关键。心理咨询能帮他们梳理情绪，学会接受生活的改变。身边人的关心陪伴也能让他们感受到温暖，尽快适应新生活，重新找回生活的乐趣，开开心心度过每一天。

李爷爷辛苦工作了大半辈子，退休后本以为能轻松享受生活，可没想到，身份的突然转变让他有些不知所措。他每天不用再早起赶去上班，生活一下子变得空荡荡的，心里总觉得少了点什么。祸不单行，没过多久，李奶奶因病离世，这对李爷爷来说犹如晴天霹雳。他整天把自己关在屋里，沉浸在悲伤之中，脸上再也没有了往日的笑容。

看着日渐消沉的父亲，子女们十分担心，于是帮李爷爷联系了专业的心理咨询师。每周，心理咨询师都会和李爷爷进行一次深入的交谈，引导他倾诉内心的痛苦，帮助他正视这些生活中的重大改变。同时，子女们尽量抽出时间陪伴李爷爷，周末会带着他出去散步、吃饭，让他感受到家人的关爱。

在心理咨询师的帮助和家人的悉心陪伴下，李爷爷慢慢打开了心扉，他开始参加社区组织的老年活动，结识了许多新朋友。如今的李爷爷已经重新找回了生活的乐趣，脸上又露出了久违的笑容。

生活健康需求

家里有老年人的话，给地面做防滑处理，如铺上防滑地砖或防滑垫，能防止老年人滑倒摔伤；在浴室、楼梯这些容易摔倒的地方安装扶手，老年人起身、上下楼梯就有了支撑，更安全；把门廊通道拓宽，让老年人行动更方便，轮椅、助行器也能轻松通过。这些适老化改造措施虽然微小，却能大幅降低老年人在家发生意外的风险，让他们住得更安心，生活更安全。

李阿姨的老伴腿脚不好，平时用助行器行走。以前家里浴室没装扶手，地面又滑，老伴洗完澡起身时不小心滑倒过好几次，把李阿姨吓坏了。后来，家里做了适老化改造：浴室铺了防滑地砖，还装了扶手，门廊也拓宽了。现在老伴洗澡、上厕所都能自己扶着扶手，行动方便多了，也不用担心摔倒了，李阿姨心里踏实了不少。

对行动不方便的老年人来说，便捷的生活服务可太重要了。像上门送餐，老年人不用自己做饭就能吃上热乎的饭菜；助浴服务可以帮老年人舒舒服服地洗个澡，干干净净地过日子；还有代买生活用品，老年人需要啥，一个电话就能有人帮忙买回来。这些服务能实实在在地提升老年人的生活质量，让他们生活得更轻松、更自在。

李大爷已经 83 岁高龄，他腿脚不好，平时出行全靠轮椅，生活多有不便。之前，每到饭点，李大爷都得自己费力地做饭，常常因为行动迟缓，饭菜还没做好就已经饿得不行了。洗澡对他来说更是一个大难题，每次都要小心翼翼，生怕摔倒。买生活用品只能等子女有空的时候帮忙买，自己在家缺东西了也没办法及时补充。

后来，社区了解到李大爷的情况，为他联系了便捷生活服务。现在，每天到了饭点，就有工作人员准时把热气腾腾的饭菜送到家门口，李大爷再也不用为做饭发愁。每周还有专业的助浴人员上门，帮李大爷舒舒服服地洗个热水澡，洗完后整个人都神清气爽了。要是生活用品用完了，李大爷只需要打个电话，工作人员就会按照他的需求帮忙采购，很快就能送到家。自从有了这些便捷生活服务，李大爷的生活质量大幅提高，日子过得轻松又自在，脸上的笑容也越来越多了。

●● 银发人群健康需求的市场洞察

未来，随着"银发族"数量的增加和健康需求的提升，银发健康消费市场将持续壮大，呈现出市场规模稳健增长、消费渠道日益多元、产品与服务不断创新等特点，市场前景广阔且充满活力。

市场规模稳健增长

如今，我国老龄化现象越来越严重，老年人口越来越多，而且老年人越来越关注自身健康，这就让银发健康消费市场不断壮大。根据可靠数据，现在中国保健品市场规模已经超过3000 亿元，其中老年人是消费主力军。往后几年，老龄化现象还会加剧，老年人口会继续增加，对健康产品和服务的需求也会越来越多，所以这个市场规模肯定还会稳步增长。这不仅给健康产业带来了巨大的发展空间，也让更多企业有机会在这个潜力巨大的市场里大显身手，挖掘商机，创造财富。

消费渠道日益多元

传统的药店、商场这些线下门店能直接展示产品，还有专业的销售人员讲解，老年人能当场体验产品，咨询问题，及时得到建议和指导，对注重产品效果和服务质量的银发族很有吸引力，因此药店和商场一直是他们购买保健品与健康服务的主要途径。

但这几年，互联网发展得太快，电商平台到处都是，线上购物越来越方便。越来越多的老年人开始习惯在网上买保健品和健康服务。电商平台上的产品特别多，全球各地的产品都能找到，价格也透明。老年人动动手指，就能对比不同的品牌和价格，还能享受送货上门服务，省了不少时间和精力。

另外，一些专业健康服务平台利用大数据、人工智能技术，为老年人定制健康管理、康复护理、心理咨询等个性化健康服务方案，精准地满足了他们各种各样的健康需求。

张大爷今年 70 岁，一直很注重养生保健，以往购买保健品，他都习惯去家附近的药店。在药店，销售人员会详细介绍产品功效，他也能直观地看到和摸到产品，有问题能马上咨询，这让他觉得很安心。

前阵子，儿子教他使用电商平台购物。张大爷发现，网上的保健品种类多得超乎想象，来自全球各地的产品都能找到，价格也一目了然。他只要在搜索框中输入关键词，就能轻松对比不同品牌、不同价位的产品，下单后还能享受送货上门服务，再也不用自己拎着沉甸甸的保健品回家了。

不仅如此，儿子还帮他注册了一个专业健康服务平台，平台根据张大爷的身体状况，利用大数据和人工智能技术，为他定制了专属健康管理方案，包含日常饮食建议、适合他的康复锻炼计划，甚至还定期为他预约心理咨询服务。现在张大爷常和老伙计们念叨，互联网真是给他的生活带来了太多便利。

产品与服务不断创新

为了满足银发族越来越多样的健康需求，市场上的创新越来越多，出现了很多有特色的产品和服务。

在产品方面，适合老年人的智能穿戴设备越来越多，这些设备能随时监测心率、血压、睡眠等重要的身体指标，数据还能自动上传到手机 App 上，老年人自己能随时看，也能分享给家人和医生，健康状况就能一直被盯着、管着。各种健康监测仪器也在不断更新，操作变得越来越简单，结果越来越准确，给老年人的健康生活帮了大忙。

在服务方面，定制化健康服务方案特别受欢迎。专业机构会根据每位老年人的身体情况、平时的生活习惯及健康目标，制订专属的健康管理计划，像每天吃什么、做什么运动、什么时候体检等，都安排得明明白白，让健康服务更符合个人需求。老年人的生活质量和健康水平提高了，整个市场更有活力了，朝着更好的方向发展。

政策引领下的护理康养服务体系

在政策的大力推动下，我国的护理康养服务体系发展得越来越快、越来越完善，现在已经形成了一个全面的养老模式：老年人主要在家养老，社区提供各种帮助，养老机构作为补充，把医疗和养老结合起来，这就构成了一个多层次的服务体系。这个体系正在往更健全、更好、更能让大家享受到福利的方向发展，可以为老年人提供各种各样、不同层次的养老服务，不管是健康护理还是日常照料方面的养老需求，都能得到满足，让老年人安享幸福晚年。政策引领下的护理康养服务体系如图4.4所示。

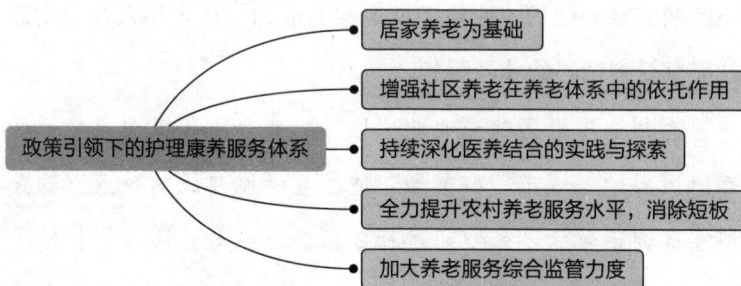

图 4.4　政策引领下的护理康养服务体系

●● 居家养老为基础

为了让老年人居家养老更舒坦，政策全力推动服务升级。一是完善家庭养老政策，探索打造家庭养老床位。例如，南京出台相关政策，鼓励为老年人家里做适老化改造，装上智能设备，使失能老人在家也能得到和养老院一样的专业服务。二是组织家庭成员照护技能培训，教家属照顾老人。三是鼓励社区、家政和互联网平台提供上门做饭、洗澡、打扫卫生等服务。例如，呼和浩特出台相关政策，由政府出钱买服务，老年人用手机就能下单，享受各种照料。这么一来，居家养老变得既专业又方便。

●● 增强社区养老在养老体系中的依托作用

现在，社区养老服务被纳入城市"一刻钟"便民生活圈建设，在社区里发展嵌入式养老服务。简单来说，就是把社区周边的场地、设施等资源整合起来，推行"社区+物业+养老服务"模式。这样一来，社区养老不仅能更方便地为老年人提供服务，还能增强专业照护、康复护理等服务能力，让老年人在家附近就能享受到贴心的养老服务。

兰州七里河区的光明苑小区，物业公司积极响应将社区养老服务纳入城市"一刻钟"便民生活圈建设的政策。物业把小区内闲置的一处空间进行重新规划，与社区合作打造了嵌入式养老服务站点。同时，物业利用自身资源，联合专业养老服务机构，为老年人提供全方位服务。专业护理人员会定期为老年人进行身体检查和康复指导。对于行动不便的老年人，物业工作人员还会上门协助他们进行简单的康复训练。

此外，物业与周边商家合作，为老年人提供助餐服务，每天按时将营养丰富的饭菜送到老年人家中。社区也会组织志愿者定期到站点陪老年人聊天、下棋，丰富他们的精神生活。这种"社区＋物业＋养老服务"的模式，让小区里的老年人在家附近就真正享受到了贴心、专业的养老服务。

●● 持续深化医养结合的实践与探索

政策大力推动医疗卫生和养老服务紧密结合。现在，医院和养老院之间开通了双向转诊的绿色通道，看病的程序也简化了，老人看病更方便。养老院里的医疗机构只要符合规定，就能开药方。政策还鼓励养老院开展安宁疗护服务，让处于生命末期的老年人生活得更舒适。

不仅如此，借助互联网，"互联网＋护理服务"也在推进，上门护理服务越来越多，老年人在家就能享受专业护理服务，生活质量大幅提高。

....

提醒：安宁疗护服务是一种专注于为生命末期患者提供舒适的护理和心理关怀的服务，旨在缓解患者的痛苦，改善其生活质量，帮助其在生命的最后阶段能够安详、有尊严地度过，同时为家属提供心理支持和陪伴。

....

在政策的大力推动下，成都医养结合成效显著。武侯区的幸福养老院和附近的三甲医院达成合作，双向转诊绿色通道高效运转。

张大爷在养老院突发急性胃肠炎，工作人员通过绿色通道迅速将他转至合作医院，因送医及时，张大爷很快就脱离了危险。病好后，他又被顺利转回养老院继续休养。幸福养老院设有符合规定的医务室，能为老年人开具日常用药的处方。

前不久，李奶奶被查出癌症晚期，养老院为她安排了安宁疗护服务，医护人员提供24小时贴心照料，缓解她的疼痛，疏导她的心理，让她最后的时光过得温暖又安心。

同时，成都积极推行"互联网+护理"服务，通过线上平台，老年人在家就能预约护理服务。王奶奶行动不便，子女又不在身边，她通过手机下单，专业护士按时上门为她换药、检查身体，极大地提高了她的生活质量。

●● 全力提升农村养老服务水平，消除短板

为了让农村老年人也能享受到优质的养老服务，政策要求各地根据实际情况，增加农村养老服务机构。一方面，把农村养老服务设施建设纳入土地规划，以后会有更多合适的地方建养老院、老年活动中心等。另一方面，大力推进互助养老，鼓励村民互相照顾。同时，完善探访关爱机制，由专人定期看望独居老年人；建立应急救援机制，如果老年人遇到突发情况，

能及时得到救助。各地政府通过各种举措，努力让城乡养老服务的差距越来越小。

在提升农村养老服务水平这件事上，山东省威海市干出了实实在在的成绩。威海在农村试点睦邻互助养老，设立556处互助点，从村干部、网格员、村民代表中招募了682位互助员，为2132位老年人提供日常探视、问候、居家照料和应急帮助，一年能提供服务27.3万多次。同时，威海打造了覆盖城乡的助餐体系，在农村采用"信用激励＋志愿服务"的办法，成立了3225支志愿服务队，免费给2.7万名老年人提供午餐。威海还搭建了线上社区居家养老服务信息平台，整合了3258家服务机构，能一站式提供医疗保健、紧急救助等223项服务，每天能接到4500多个求助电话。该平台自2023年运行以来，提供上门服务80多万次，成功救助了495位遇到突发状况的老年人。这些努力让威海农村的养老服务水平大幅提升，也让城乡养老的差距越来越小。

●● 加大养老服务综合监管力度

为了让养老服务更规范、更可靠，相关部门多管齐下。首先，制定明确的养老服务标准和评价体系，以后养老服务做得好不好，就有了清晰的衡量标准；其次，完善养老机构登记备案管理，所有养老机构都得按规定登记备案，方便监管；再次，加强对养老机构预收费的监管，防止乱收费和资金风险；最后，大力推进养老服务应急管理体系建设，确保遇到突发情况时，养老机构能迅速响应，保障老年人安全。

杭州为了让养老服务更优质，从多个方面下足了功夫。在服务标准制定上，杭州对养老机构的餐饮营养搭配、居住环境的适老化程度，以及护理人员的服务时长和专业技能考核，都给出了明确细致的规定。此外，杭州定期开展星级评定，激励养老机构提升服务质量。

在登记备案管理方面，杭州对全市养老机构进行了全面梳理，督促新成立的机构及时备案，保证所有养老机构都在监管范围内。预收费监管也很严格，要求养老机构把预收费存到专门的监管账户，按照服务进度支取，杜绝"卷钱跑路"的风险。

应急管理体系建设也不松懈，杭州为养老机构配备了急救设备，经常组织消防、地震等应急演练，还和周边医院建立了快速转运机制。2023年，一家养老机构有位老人突发心梗，养老机构按照应急流程，迅速联系医院，通过绿色通道快速把老人送到医院救治，老人最终平安脱险。

健康养老的跨界融合与创新模式

健康养老的跨界融合与创新模式给养老产业带来了新的生机。把技术、服务和资源整合起来后，养老服务的质量和效率都提高了，老年人的生活体验也变得更加丰富多样、贴合个人需求。以后，随着技术越来越发达，市场需求越来越大，养老产业的跨界融合会越来越深入，老年人的晚年生活也会过得越来越舒心。

●● "养老 + 互联网"模式

"养老 + 互联网"模式，就是把养老服务和互联网技术紧紧结合在一起，给老年人带来高效、方便又贴心的养老新体验。在这一模式下，互联网可不只是看新闻、聊天的工具，它能让养老服务变得更丰富、更高效。

先说说服务内容，现在有了智慧养老平台，老年人的生活方便多了。看病不用再跑大老远去医院，可以在平台上跟医生视频连线，实现远程看病。医生看完病开具电子处方直接送到药房，药品还能送货上门。日常生活中也有智能设备帮忙照顾，这些设备能 24 小时监测老年人的睡眠质量、活动情况。要是发现老年人状态不对，系统马上就通知家人或服务人员。

这一模式还能把各种养老资源合理地利用起来。通过大数据分析，平台能清楚地知道老年人都有什么需求，住在哪儿，然后快速安排附近的服务人员和物资。例如，老年人突然需要护工上门护理，平台根据老年人的位置和需求紧急程度，很快就能找到合适的护工，让老年人及时得到照顾。

另外，"养老 + 互联网"模式让老年人的社交和娱乐生活变得丰富多彩。在网络社交平台上，老年人能随时和远方的家人朋友聊天，分享生活中的点点滴滴；还能参加各种线上兴趣小组，和有共同爱好的人一起交流书法、绘画，或者唱歌娱乐，再也不会觉得孤单。

在安全保障方面，"养老＋互联网"模式也考虑得很周到。家里安装的智能安防设备与门窗、燃气等互联。一旦发生火灾、煤气泄漏，或者有陌生人闯入，系统马上就会发出警报，通知相关人员来处理，给老年人的居家安全上了一把"安心锁"。

● ● "养老＋家政"模式

"养老＋家政"模式，就是把养老服务和家政服务合二为一，为老年人提供全面的居家生活照顾，让老年人舒舒服服地在家养老。在这一模式下，家政服务可不只是简单的打扫卫生、做做家务，而是融入了很多养老方面的服务，是提高老年人生活质量、让他们生活更方便的好帮手。

具体的服务内容可不少，像生活照料、健康护理、家居清洁这些都包含在内。生活照料方面，家政人员会帮老年人穿衣、洗漱，照顾他们吃饭，让他们的日常生活井井有条。健康护理方面，经过专业培训的家政人员能给老年人量血压、测血糖，提醒老年人按时吃药，还能辅助老年人做些简单的康复训练。家居清洁方面，家政人员会定期为老年人打扫房间、清洗衣物，让老年人住得干干净净、清清爽爽。

此外，这一模式很注重个性化，会根据每位老年人的身体情况、生活习惯和特殊需求，专门制订家政服务方案。例如，有的老年人行动不方便，家政人员就会特别留意在家里布置防滑、防磕碰的设施，装上安全扶手，调整家具摆放位置，方便老年人走动。

还有，"养老＋家政"模式很看重情感陪伴。家政人员在提供服务时，会陪老年人聊聊天、下下棋，组织家庭活动，让老年人在家也能感受到温暖和关怀，不再觉得孤单。

●● "养老＋旅游"模式

"养老＋旅游"模式，就是把养老服务和旅游体验结合起来，给老年人的晚年生活带来全新的体验。在这一模式下，旅游不再只是单纯出去玩，而是变成了丰富老年人精神世界、提升老年人生活品质的重要方式。

这一模式会按照老年人的身体情况和兴趣爱好，专门规划特色旅游路线。例如，安排节奏慢、行程轻松的海滨康养游，让老年人在沙滩上悠闲地散步，享受阳光和海浪，放松身心的同时，还能享受专业的健康护理服务。又如，组织文化探寻游，带老年人参观历史古迹，体验传统民俗，充实文化生活。

旅游的时候，组织者还会配备专业医疗团队，时刻关注老年人的健康状况，为老年人的健康安全把关。旅行大巴的座椅都是特别设计的，坐起来很舒服。住宿会选择安静、交通方便、设施齐全的酒店或民宿。餐饮也会充分考虑老年人的饮食习惯，以清淡、有营养的食物为主。

另外，"养老 + 旅游"模式还很重视社交互动。在旅途中，老年人能认识兴趣相投的朋友，一起分享生活中的趣事，参加集体活动，这样一来，老年人就不会觉得孤单，社交生活也变得丰富起来。

●● "养老 + 物流"模式

"养老 + 物流"模式，简单来说，就是把养老服务和物流配送紧密结合，给老年人的生活带来全方位的便利。在这一模式下，物流的作用可不只是送货那么简单，它成了连接养老服务和老年人日常生活的关键纽带。

通过整合物流资源，食品、药品、日用品等各类生活物资能快速、精准地送到老年人家中。例如，借助先进的物联网技术，养老服务机构可以实时掌握老年人家中物资的余量。一旦发现物资快用完了，系统就会自动安排配送，不会影响老年人的正常生活。该模式还能利用大数据和人工智能技术，依据每位老年人不同的生活习惯和健康状况，实现个性化的物资配送服务。例如，针对患有糖尿病的老年人，定期配送低糖低脂的食品；对于长期服药的老年人，不仅按时按量为其送药，还贴心地提醒他们按时吃药。

更重要的是，这一模式还能在紧急救援中发挥重要作用。

要是老年人遇到突发状况，只需通过紧急呼叫设备发出求救信号，物流配送人员就会以最快的速度赶到现场，帮忙解决问题，全力保障老年人的生命安全。

●● "养老+金融"模式

"养老+金融"模式，就是把养老服务和金融资源紧密结合起来，不仅能为老年人的晚年生活提供可靠的经济保障，还能为其提供各种各样的金融服务。在这一模式下，金融机构不再只提供存钱、投资这些传统业务，它变成了推动养老产业发展，让老年人生活得更好的重要力量。

在核心服务方面，养老保险特别重要。商业养老保险的产品有很多。例如，年金险可以在老年人退休后定期为其发一笔钱，让其日常开销有着落；长期护理险是专门为那些生活不能自理的老年人准备的，可以承担一部分护理费用，给家里减轻经济负担；养老基金也很受关注，专业的金融机构会合理投资运作，让钱越来越多，为老年人存够养老钱。

同时，这一模式很注重整合和调配金融资源。金融机构和养老服务机构一起合作，为养老设施建设提供资金支持，帮助新建养老院、老年公寓等，让养老的硬件条件更好。例如，银行会提供利息比较低的贷款，帮助养老机构改造设施，增添适合老年人使用的设备。

另外，"养老+金融"模式还能为老年人提供个性化的财富管理服务。专业的理财顾问会根据老年人有多少钱、能承受多大的投资风险及以后的养老打算，制订专门的理财方案，包括比较稳健的基金、债券等投资组合，保证老年人的钱不但不会变少，还能慢慢变多。

风险管控也是这一模式的关键部分。监管部门会加强对养老金融产品的监管，防止出现金融诈骗，保护老年人的"钱袋子"。金融机构也会建立风险评估体系，严格审核投资项目，降低老年人投资风险。

第 5 章
适老化改造：
构筑老龄友好环境

　　本章聚焦适老化改造，首先探讨了适老化改造在构建老龄友好环境中的重要性、适老化改造的技术标准及各方如何协同发力推动市场化运作；然后探讨了适老化改造的三大领域，即家居、社区和公共空间，通过具体案例展示了改造的实际效果；最后分析了适老化改造的政策支持和未来趋势，指出在政策推动和市场需求的双重作用下，适老化改造市场前景广阔，不仅为老年人创造了安全、舒适、便利的生活环境，也为相关企业带来了巨大的市场机遇。

适老化改造的蓝图：构建无障碍生活环境

如今，全球老年人越来越多，适老化改造成为社会发展必须重视的事。简单来说，适老化改造就是把老年人的生活环境、设施设备优化升级，满足他们的特殊需要，帮助他们解决因为年纪大、身体变差而遇到的生活难题，打造一个处处都方便老年人的生活环境，让老年人能安全、舒服地度过晚年，活得有尊严。

●● 必须加快推进适老化改造

人上了年纪之后，身体就大不如前。视力、听力越来越差，肌肉没劲儿，平衡感和灵活性也比不上年轻时，这些变化让老年人在日常生活中常常遇到各种麻烦，还容易发生危险。相关数据显示，每年都有很多老年人因为家里存在安全隐患而发生跌倒、磕碰，这会对他们的健康和生活质量造成很大的影响。再加上我国的老年人口越来越多，这么庞大的老年群体，对适老化改造的需求特别迫切。因此，适老化改造可不只是为了让老年人生活得幸福，对整个社会的和谐稳定发展也有很重要的意义。

●● 技术标准：确保适老化改造质量

技术标准对适老化改造特别重要，它能保证改造的质量和效果。只有严格按照技术标准来，适老化改造才能真正符合老年人的需要，让他们生活得更舒适、更方便，平平安安、开开心心地享受幸福的晚年。相关技术标准如图 5.1 所示。

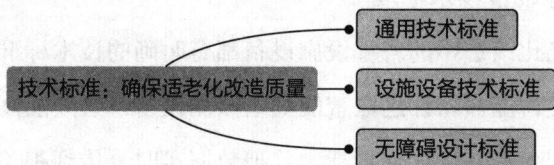

图 5.1　技术标准：确保适老化改造质量

通用技术标准

为了让适老化改造既安全又有效，我国相关部门专门制定了不少通用技术标准。就拿地面防滑来说，必须用符合国家标准的防滑地砖、防滑垫，它们的防滑系数必须达到一定的数值，这样才能大幅减少老年人滑倒的风险。安装扶手也有讲究，扶手的高度、粗细、材质都有相关规定，就是为了保证扶手牢固，老年人用着顺手，不管是走路还是起身，都能更方便、更安全。

在青岛市的老旧小区适老化改造中，处处都严格遵循各项通用技术标准，效果特别好。小区的公共区域和居民家里容易湿滑的卫生间、厨房，都铺上了符合国家标准、防滑效果达标的地砖。卫生间马桶旁和淋浴区也安装了扶手，扶手

距离地面 85 ～ 90 厘米，粗细正合适，用的是导热慢、老年
人抓着舒服的材料。扶手和墙之间留了 4 ～ 5 厘米的空间，
扶手的两端还弯向下方或墙壁，边角都做成了弧形。这些改
造让老年人的生活方便了很多，滑倒的风险也减少了，不管
是走路还是起身，都更安全、更轻松。

设施设备技术标准

适老化改造中的各种设施设备都有明确的技术标准。像智
能手环、智能血压计这些智能健康监测设备，必须能高精度地
监测老年人的各项生理指标，并把数据实时上传到相关平台。
此外，要保证这些设备操作简单，界面设计也要符合老年人的
视力和认知情况，让他们轻轻松松就能上手使用。

在杭州的适老化改造项目中，智能健康监测设备的应用
严格遵循了相关技术标准，为老年人的健康生活提供了有力
保障。家住杭州西湖区的李大爷今年 75 岁，子女平时工作忙，
不能时刻陪伴在侧。社区为他配备了符合相关技术标准的智
能手环和智能血压计。智能手环能精准地监测李大爷的心率、
睡眠质量等生理指标，智能血压计能快速且准确地测量李大
爷的血压。相关数据会实时上传到社区健康管理平台及李大
爷子女的手机上。一旦出现数据异常，系统就会发送提示信息。
同时，这些设备的操作步骤十分简单，通过大字号显示和简
洁的按键设计，李大爷只需要轻轻点击，就能轻松完成测量
和查看数据的操作，极大地方便了他对自身健康状况的日常

监测，这让他和家人都安心不少。

无障碍设计标准

无障碍设计是适老化改造的关键部分，在建筑和道路等方面都有严格的技术标准。就拿建筑来说，出入口必须设有无障碍通道，坡度不能太陡，宽度要能让轮椅顺利通过；公共区域最好使用自动门，要是普通门，也得容易打开，门把手的高度应方便老年人抓握。道路设计也有讲究，要设置连贯的盲道，盲道的宽窄、表面触感都要符合规定，这样视力不太好的老年人出门才能更安全。

以北京为例，在适老化改造中，无障碍设计的技术标准得到了很好的贯彻。一些老旧小区的建筑出入口专门修建了符合标准的无障碍通道，其坡度经过精确计算和施工，控制在较低的度数，确保轮椅通行平稳。坡道宽度也足够宽敞，一般在 1.2 米左右，方便轮椅自由进出。

小区内公共活动场所大多采用了自动门，方便老年人进出。对于仍使用普通门的场所，也进行了改造，门把手高度统一调整到距离地面 0.85～0.9 米的位置，方便老年人抓握。对门的开启力度也进行了优化，老年人轻轻用力就能打开。

在道路方面，城市的主次干道及小区内部道路都设置了连贯的盲道，盲道宽度统一，为 0.6 米左右，其表面的凸起触感圆点和条形设计符合相关技术规范，能为患有视力障碍的老年人提供清晰准确的引导，保障他们的出行安全。

●● 适老化改造需要各方协同发力，推动市场化运作

适老化改造不能靠单打独斗，得靠政府、企业、社区和社会组织齐心协力。政府出台补贴和支持政策，完善技术标准，带动各方共同参与，让市场更有活力；企业发挥专长，提供专业服务和技术支持，推动适老化改造按照市场模式运行；社区和社会组织负责整合资源、创新服务，为老年人量身定制更贴心的改造方案。各方共同合作，不仅让适老化改造完成得又快又好，还让老年人住得更安全、更舒心。

在济南，适老化改造工作开展得如火如荼，这正是多方协同合作的生动体现。当地政府积极作为，出台多项补贴政策，对参与适老化改造的家庭给予资金支持，同时不断完善技术标准，规范改造流程。这一举措极大地激发了市场活力，吸引了众多企业投身其中。比如某知名家居改造企业凭借自己的专业团队和先进技术，为济南多个小区的老年人家庭提供一站式适老化改造服务，从地面防滑处理到智能设备安装，专业又高效。

社区和社会组织也发挥了关键作用。社区工作人员深入了解老年人需求，整合周边资源，联系专业的社会组织共同参与。像当地一家养老服务社会组织，通过与社区合作，创新推出"定制化适老服务包"，针对不同身体状况的老年人提供个性化改造方案，如为失能老人增设无障碍通道、安装

智能护理设备等。在各方的共同努力下，济南许多老旧小区完成了适老化改造，老年人的生活环境得到了极大的改善，老年人住得既安心又舒心。

适老化改造的领域：家居、社区与公共空间

适老化改造主要涉及家居、社区、公共空间三个领域，它们紧密相连，缺了哪个都不行。家居改造让老年人住得更安全舒适，社区改造方便老人日常活动，公共空间改造则保障老人出行和社交安全。三大领域一起发力，为老年人营造安全、便利又舒适的生活环境。

●● 家居适老化改造

家是老年人待得最久的地方，所以家居适老化改造特别重要。

地面得铺上防滑地砖或防滑垫，这样老年人走路就不容易摔倒。卫生间和厨房很容易湿滑，一定要装上扶手，方便老年人起身、站稳。卫生间还可以放置坐便椅、淋浴椅，这样老年人上厕所、洗澡时能省点力气，也不容易摔着。

卧室的家具不要摆得太挤，得留出足够的空间，方便坐轮椅的老年人活动。另外，可以在室内安装一些智能设备，如智能烟雾报警器，也可以让老年人佩戴智能手环，随时关注老年

人的健康和家里的安全。

赵奶奶今年 72 岁,腿脚不太方便,平时在家行动缓慢,家人一直担心她会摔倒。最近,社区开展了适老化改造项目,赵奶奶第一时间报名。改造后,家里地面换成了防滑地砖,即便地面有水也不用担心滑倒。卫生间和厨房的墙壁上安装了不锈钢扶手,高度正好方便赵奶奶起身借力,轻松又安全。卫生间还添置了坐便椅和淋浴椅,她上厕所和洗澡不再费力,也不再害怕摔倒。卧室的家具重新进行了布局,清理了一些杂物,留出了宽敞的通道,就算赵奶奶偶尔需要借助轮椅,也能自由活动。

子女还为赵奶奶购买了智能手环和智能烟雾报警器,智能手环能实时监测赵奶奶的心率、血压等健康数据,一旦出现异常,系统就会及时发出警报通知家人;智能烟雾报警器则时刻守护着家中的安全,一旦检测到烟雾,系统就会迅速发出警报。

现在,赵奶奶的生活既方便又安心,她常常感慨,这些改造举措虽然微小,却给她的生活带来了很大的改变,真正让她感受到了适老化改造的贴心与重要性。

●● 社区适老化改造

老年人平时大多在社区活动,所以把社区改造成适合老年人生活的温馨家园很有必要。

首先,社区道路得平平整整,没有坑洼,还要有无障碍通道,这样坐轮椅、拄拐杖的老年人出门才方便。公共活动区域得有适合老年人使用的健身器材，旁边再摆上椅子，老年人累了就能坐下来休息。

社区服务也得跟上，多建一些老年活动中心、日间照料中心。这样老年人白天能在活动中心下棋、聊天、唱歌；子女照顾不过来的时候，日间照料中心可以帮忙照顾老年人。

另外，社区里要多栽点花花草草，环境要干干净净，这样老年人住着舒服，心情也舒畅。

西安的丰庆小区人口老龄化程度高，很多老年人的日常活动基本在社区里。以前，小区道路状况糟糕，路面破损严重，到处都是坑洼，张大爷每次拄着拐杖出门都提心吊胆，稍不注意就会被绊个趔趄。公共活动区域仅有一些简单且老旧的健身器材，根本不适合老年人使用。周围也没有休息的地方，老年人锻炼累了只能站着歇会儿。社区服务设施极度匮乏，李奶奶的子女白天都上班，她只能独自待在家里，日子过得单调又寂寞。

最近，丰庆小区迎来了适老化改造。施工团队重新铺设了小区道路，路面变得平坦又宽阔，还专门修建了无障碍通道，张大爷现在可以放心地出门散步了。公共活动区域也进行了全面升级，新增了太极揉推器、腰背按摩器等适合老年人锻炼的健身器材。健身器材旁边还摆放了好几排舒适的长椅，老人们锻炼累了能随时坐下休息。社区还新建了宽敞明亮的老年活动中心和设施齐全的日间照料中心。现在，李奶奶每天都会去老年活动中心和老朋友们一起下棋、聊天、唱歌，生活变得丰富多彩。要是子女工作忙，她就去日间照料中心，那里不仅有专人照顾她的生活起居，她还能和其他老年人一起用餐、做游戏。同时，社区加大了绿化和环境整治力度，种植了各种各样的花草树木，安排专人定时打扫卫生，整个小区变得绿意盎然、干净整洁。如今，丰庆小区的老年人们都感觉社区就像自己温暖的家，生活越来越有滋味。

●● 公共空间适老化改造

公共空间的适老化改造对老年人的出行和社交特别重要。像地铁站、公交站这些交通枢纽，要设计无障碍通道，售票窗口要设计得低一点，指示标识也要清晰易懂，方便老年人买票、进出站。人行道上的盲道要连贯，路口要有语音提示信号灯，这样视力不好的老年人出门才安全。

在公园、广场这些休闲的地方，多添一些适合老年人活动的设施，比如划个地方让老年人打太极，弄个区域给老年人写字画画，满足他们的精神需求。公共卫生间也要进行改造，隔间宽敞点，装上扶手和紧急呼叫按钮，让老年人用起来更安心。

在成都，公共空间的适老化改造成效显著，极大地便利了老年人的生活。就拿成都地铁来说，各个站点都设置了宽敞的无障碍通道，方便轮椅通行。售票窗口降低了高度，方便老年人购票，站内的引导标识不仅醒目，还配有清晰的文字和大字号提示，让老年人能轻松找到乘车路线。在人行道上，连续且平坦的盲道贯穿大街小巷，路口的语音提示信号灯会在绿灯亮起时清晰地发出提示音，保障视力障碍老年人安全过马路。

人民公园作为成都人休闲娱乐的重要场所，专门划分出大片区域作为太极拳场地，每天清晨都有许多老年人在此打太极、锻炼身体。公园里还设置了书法绘画区，摆放着桌椅和笔墨纸砚，老年人可以尽情挥毫泼墨，交流创作。公共卫生间也进行了全面的适老化改造，隔间空间宽敞，方便轮椅进出，墙壁上安装了牢固的扶手，还配备紧急呼叫按钮，老年人遇到紧急情况时能及时求助。这些改造让成都的公共空间充满了对老年人的关怀，也让他们的出行和社交生活更加便捷、丰富。

适老化改造的政策支持

国家和地方出台了不少适老化改造政策，主要涉及财政补贴、服务优化和推动市场化这几个方面。政府拿出钱来补贴，更容易推动适老化改造。优化服务可以把社区、公共空间设计得更适合老年人生活。另外，鼓励市场参与，让更多企业提供适老化改造的产品和服务。这些政策不仅让老年人住得更舒心、出行更方便，还带动了适老化改造市场的发展，让整个行业越来越规范、越来越好。

●● 适老化改造的国家政策

从 2020 年起，国家陆续出台了多项政策，让老年人生活得更方便。2020 年，工业和信息化部发布了《互联网应用适老化及无障碍改造专项行动方案》，不少手机 App 响应号召，把 App 中的字号变大，操作界面变得更简洁。例如，微信 App 就推出了关怀模式，方便老年人看清文字，轻松使用各项功能。

2021 年 3 月，中国人民银行印发了《移动金融客户端应用软件无障碍服务建设方案》，现在很多银行的手机 App 都优化了操作流程，像转账汇款这些功能的步骤更简化，提示更清晰，老年人自己在家就能轻松完成简单的金融操作。

2022 年 12 月，原中国银行保险监督管理委员会（现为国家金融监督管理总局）发布《银行保险机构消费者权益保护管理办法》，保障老年人和残障人士平等享受银行服务。例如，有的银行专门为老年人开设了绿色通道，老年人办理业务不用长时间排队，还会有工作人员耐心指导。

2023 年，《中华人民共和国无障碍环境建设法》正式实施，进一步推动了无障碍环境建设。很多城市的公共场所进行了改造，地铁站里的无障碍设施更完善，轮椅可以轻松通行。同年，工业和信息化部发布《促进数字技术适老化高质量发展工作方案》，一些智能电视开始增加语音控制功能，老年人只要说句话就能换台、调节音量。

2025年1月7日，《中共中央 国务院关于深化养老服务改革发展的意见》发布，提出要加快适老住宅建设，推进家庭适老化改造，支持老旧小区加装电梯。现在不少老旧小区装上了电梯，老年人上下楼再也不用气喘吁吁，出行便利多了。

●● 适老化改造的地方政策

北京市民政局为了帮老年人把家变得更安全舒适，专门搭建了居家适老化改造服务平台。这个平台把很多提供适老化改造服务的机构聚集到一起，及时发布各种适老化改造产品和服务信息，让大家能轻松找到合适的资源。对于经济困难的老年人家庭，民政局会给予最高5000元的补贴，用来改造家里的方方面面。例如，给卫生间装上防滑垫和扶手，防止老年人洗澡、上厕所时滑倒；把门槛降低或去掉，让老年人在家里行走更顺畅，不用担心被绊倒。这些改造都是为了保障老年人如厕洗澡安全、室内行走便利等。同时，北京市民政局出台了《北京市促进居家适老化改造产品消费工作方案》，只要是60周岁及以上有北京户籍的老年人家庭，购买适老化产品都能得到补贴。像买个智能手环监测健康、换个方便操作的智能门锁，都在补贴范围内。此外，经济困难的老年人家庭还能优先享受这项补贴福利，更快地用上这些实用的适老化产品。

在宁夏回族自治区，只要家里有 60 周岁及以上常住老年人，就能申请居家适老化改造补贴。补贴金额是改造物品购置总价的一半，最高 10000 元。比如说，李大爷家想给老人的卧室安装护理床，再给卫生间装上防滑地砖和扶手，一共花了 15000 元，按照补贴政策，李大爷家能拿到 7500 元补贴。

在上海，符合条件的老年人家庭都能申请适老化改造补贴，具体补贴比例会根据家庭经济状况和改造内容来确定。比如，低保家庭的老年人，改造费用能 100% 报销，相当于免费改造。低保户王奶奶家卫生间地面湿滑，申请改造换上防滑地砖，加上安装扶手，一共花费 2500 元，这些费用全部由政府承担。低收入家庭老年人的补贴比例是 80%。李大爷家属于低收入家庭，想把卧室的旧床换成方便老人起卧的护理床，床的价格是 3500 元，按照补贴政策，李大爷家只需出 700 元，剩下的 2800 元由政府补贴。不过，不管是哪种家庭，每户最多补贴 3000 元。

在苏州，只要家里有 60 周岁及以上常住老年人，都能享受适老化改造补贴。补贴比例是改造费用的一半，最高 3000 元。比如，张大爷家给老人的房间装了一个智能床垫，花了 4000 元，按照补贴政策，张大爷家能拿到 2000 元补贴。要是经济困难的老年人家庭，就更划算了，在 3000 元限额内可以享受全额补贴。像低保户李奶奶家给卫生间装扶手、换防滑地砖，一共花了 2500 元，这笔钱全部由政府补贴，不用李奶奶家掏一分钱。

在张家港市，为了让不同情况的老年人都能享受适老化改造的福利，政府实行了差异化补贴政策。如果是低收入老年人家庭，进行适老化改造时，每户最多能拿到 3000 元补贴。比如，王大爷家经济条件不太好，属于低收入家庭，他家给老人的卫生间安装了防滑设施和扶手，花了 2000 元，按照补贴政策，他家能拿到 2000 元补贴。要是一、二级残疾老年人家庭，补贴按照改造总费用的 80% 来算，最高 3000 元。比如，李奶奶是一级残疾老人，她家对房屋进行了适老化改造，总共花费了 3500 元，按照 80% 的补贴比例，应补贴 2800 元，没有超过 3000 元的上限，所以李奶奶能拿到 2800 元补贴。这种补贴政策充分考虑到了不同老年群体的实际情况，让各类老年人都能从中受益。

在青岛，为了让老年人居家生活更方便舒适，政府出台了适老化改造补贴政策。青岛市户籍 60 周岁及以上的分散供养城乡特困人员家庭、低保老年人家庭，还有计划生育特殊家庭中的老年人家庭，如果进行适老化改造，最高能一次性拿到 3000 元补贴。比如，张奶奶是低保老人，她家里把卫生间地面换成防滑地砖，又安装了扶手，总共花了 2600 元，补贴金额将按照实际改造费用发放，因此她基本不用自己掏钱。具有青岛市户籍的独居、空巢、留守老人，有 1～4 级失能（失智）、重残的，或者是 80 周岁及以上的高龄老年人，进行适老化改造时，最高能一次性获得 2000 元补贴。改造项目包括：施工改造，如给地面做防滑处理；设施设备配置，如安装智能烟雾报警器；辅具适配，如给行动不便的老年人配轮椅。这些改造都是为了让有困难的老年人在家能得到更好的照顾。比如，王爷爷82岁，独自居住，他把旧床换成方便起夜的护理床，花了1700元。按照青岛的适老化改造补贴政策，补贴金额根据实际改造费用确定，因此王爷爷可以申请到1700元的补贴。

....

提醒：已经享受过青岛市残疾人家庭无障碍改造支持政策的，就不能再申请居家适老化改造补贴了。比如，李大爷之前享受过残疾人家庭无障碍改造支持政策，现在就不能再申请适老化改造补贴。另外，之前通过政府补贴或慈善资金资助做过适老化改造的，也不能重复申请。

....

适老化改造的未来趋势与市场机遇

在政策支持和市场需求的双重作用下，适老化改造市场前景一片大好。一方面，政策鼓励和扶持相关项目发展，从资金补贴到规划引导，都在为适老化改造"开绿灯"；另一方面，越来越多的老年人对居住环境改善提出了需求。这不仅能让老年人生活得更安全、舒适、便利，也给开展适老化改造业务的企业带来了巨大的商机，不管是做适老化产品的企业，还是提供改造服务的企业，未来都有很大的发展潜力。

●● 适老化改造的未来趋势

适老化改造的未来趋势主要有 5 个，分别是智能化深度融合、绿色环保凸显、定制化服务更流行、跨界合作更频繁、政策支持强化。

智能化深度融合

以后，智能家居系统会成为适老化改造的关键部分。借助物联网、人工智能和大数据这些先进技术，老年人的生活能方便不少。比如说，王大爷年纪大了，晚上起夜不想摸黑开灯，有了智能家居系统，他只要躺在床上喊一声"开灯"，卧室的灯就亮了；夏天天热，他不用起身，说句"打开空调，26 度"，空调就能自动开启并调好温度。

智能安防系统就像给老年人请了一个贴身保镖。张奶奶独自在家，有一次不小心摔倒了，智能安防系统马上检测到异常，迅速拨打了她子女的电话，还联系了附近的救援机构，及时保障了张奶奶的安全。

绿色环保凸显

以后的适老化改造项目更看重使用环保材料和节能设备，这么做既能减少环境污染，还能让养老产业实现可持续发展。比如说，给老年人房间装修时，用的涂料要选那种无毒无害、能降解的环保漆，这样老年人就不用担心房间有刺鼻的气味而影响身体健康，而且不会对环境造成污染。还有，给老年人家里换上节能的 LED 灯，不仅让灯光更亮更护眼，还特别省电，对老年人和环境保护都有好处，真是一举两得。

定制化服务更流行

如今，老年人的需求越来越丰富多样，以后适老化改造的主流趋势就是定制化。进行适老化改造时，改造人员会全方位考虑老年人的个人需求和喜好，像家具选什么颜色、具备哪些功能、怎么摆放，这些细节都会兼顾。

比如，李大爷腿脚不太方便，习惯使用拐杖，那进行适老化改造时就可以把家具的高度调整得更适合他起身借力，并在他经常走动的路线旁，按照他的身高和使用习惯，安装稳固的扶手，方便他日常活动。又比如，张奶奶喜欢温馨的氛围，那么在色彩搭配上，就可以选择柔和的暖色调，像米黄色的墙面、浅木色的家具，让整个居住环境既温馨又舒适，为张奶奶打造最适合她的专属生活空间。

跨界合作更频繁

适老化改造不断推动房地产、医疗、科技、设计等多个领域紧密合作。就拿房地产开发商来说，现在不少房地产开发商开始和适老化改造企业联手开发项目。比如，在新建小区时，就把适老化设计考虑进去，将楼梯的踏步高度设计得更矮，方便老年人上下楼；公共区域的走廊设计得更宽敞，方便轮椅通行。这样一来，老年人住进去就更安全舒适。

在医疗和科技领域，医疗企业和科技公司的合作也十分紧密，双方一起研发智能健康监测和康复设备。比如，双方共同研发的智能手环不仅能实时监测老年人的心率、血压，如果系统发现数据异常，还能马上通知家人和医生；智能康复机器人能辅助老年人进行康复训练，帮助他们恢复身体机能。

政策支持强化

未来，政府会加大力度支持适老化改造，出台一系列优惠政策和监管措施。为了鼓励更多企业参与进来，也为了让更多家庭能轻松进行适老化改造，政府会采取发放财政补贴等方式，为进行适老化改造的家庭或提供改造服务的企业补贴一部分费用，减轻大家的经济压力。对积极投身适老化改造业务的企业，政府还会给予税收优惠，让企业更有动力。

同时，政府会加强适老化改造项目管理。比如，制定详细的行业标准，明确规定适老化改造中使用的材料要达到什么安全级别，扶手的高度、稳固程度要符合什么要求等，确保改造后的环境安全可靠。政府还会加大监管力度，定期检查改造项目，如果发现有企业偷工减料，就会严肃处理。

●● 适老化改造的市场机遇

随着老年人口的增加和养老观念的转变，适老化改造市场需求旺盛。据估算，居家适老化改造的直接市场份额能达到 3 万亿元。就拿适老家居市场来说，发展势头很猛，在未来几年，市场规模的增长速度有望超过 10%，到 2030 年，规模有望达到 1600 亿元，可见适老化改造市场潜力巨大。适老化改造的市场机遇如图5.2所示。

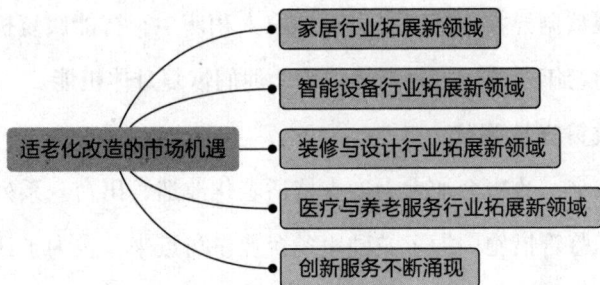

图5.2　适老化改造的市场机遇

家居行业拓展新领域

如今，好多企业都盯上了适老化家居这块"大蛋糕"。就拿天坛家具来说，它能提供一整套老年家居解决方案，从卧室的护理床、防滑的地砖，到客厅方便老年人起身的沙发，面面俱到，一站式解决老年人家居生活中的各种需求。还有九牧集团，它专注健康家居，专门解决老年人的行动难题。它设计的智能马桶不仅有加热功能，还有助起扶手，老年人起身时更轻松，不用担心摔倒。

以后，适老化家居产品会在智能化、人性化、环保化等方面不断升级。智能化方面，智能床垫能实时监测老年人的睡眠质量和身体状况，一旦发现异常，系统马上就能通知家人。人性化方面，家具的高度、边角设计都会更贴合老年人的使用习惯，避免磕碰。环保化方面，会选用更安全、无污染的材料，保障老年人的健康。随着大家越来越重视适老化家居，市场竞争会越来越激烈，相信未来会有更多既实用又贴心的适老化家居产品走进老年人的生活。

智能设备行业拓展新领域

在政策引导与市场需求的双重驱动下，智能设备行业正加速推进适老化转型。根据工业和信息化部最新发布的《促进数字技术适老化高质量发展工作方案》，明确要求企业加大适老化智能产品的研发力度，着力提升老年群体的数字生活体验。预计未来手机、电视、智能音箱、可穿戴设备等主流智能终端将全面实现适老化升级。

以智能手机为例，传统智能终端因操作界面复杂、功能繁多，往往给老年用户带来使用障碍。新一代适老化智能设备将通过以下改进显著提升用户体验：首先，优化人机交互界面，采用大字体、高对比度图标设计；其次，简化操作流程，实现核心功能一键直达，确保老年用户能够便捷完成通话、信息发送等基础操作。智能电视领域则将重点强化语音交互功能，用户通过自然语音指令即可完成节目点播，彻底解决遥控器操作不便的痛点。

这些适老化创新产品的研发，旨在切实满足老年群体在通信联络、文娱休闲、健康管理等领域的数字化需求，有效消除"数字鸿沟"，让银发群体也能充分享受智能化时代的便利生活。

装修与设计行业拓展新领域

现在，适老化装修市场的发展前景特别好，有着很大的发展潜力。对企业来说，提供一站式服务是关键，从最开始上门评估老年人的居住环境和需求，到给出专业的设计方案，再到具体的施工和后期的维护，都得"一手包办"。

李大爷家想进行适老化装修，企业先派专业人员去他家看看房子的布局、设施情况，了解李大爷的身体状况和生活习惯，比如他腿脚不太方便，经常起夜。之后，设计师根据这些信息，设计了让李大爷生活更便利的方案，像在卧室和卫生间之间的过道装上感应夜灯，卫生间地面换成防滑地砖，并安装稳固的扶手。施工时，工人按照设计方案认真干活，保证装修质量。装修结束后，要是李大爷家的某个设施出了问题，企业还会负责及时维修。

对设计师而言，要不断提升自己的适老化设计能力，多学习一些适老化设计知识，掌握老年人的生理和心理特点，这样才能打造安全、便捷、舒适的居住空间，让老年人住得安心、舒心。

医疗与养老服务行业拓展新领域

医疗与养老服务企业要是能和适老化改造结合起来，机会可就多了。比如，医疗企业可以开发能与适老化设备互联的远程医疗系统，这样做的好处特别明显。像王爷爷平时一个人住，他在家里装了智能摄像头和健康监测设备。他要是感觉不舒服，不用着急忙慌地去医院，这些设备会马上将他的身体数据传给远程医疗系统，医生通过系统远程查看信息，判断他的病情，要是问题不严重，就可以在线开药方，特别方便。

养老服务企业可以和适老化改造企业合作，让养老环境大幅改善。比如，李奶奶住的养老院和适老化改造企业合作后，把所有房间的门把手都换成了更易抓握的款式，方便老年人开门；走廊也装上了感应灯，老年人晚上起夜的时候，灯自动就亮了，不怕看不清。这么一来，养老院的设施更舒适、更安全，老年人住得更开心，养老院的口碑也更好了，从而吸引更多老年人入住。

创新服务不断涌现

随着适老化改造市场越来越火，各种新奇的适老化服务模式不断涌现。

为了让老年人清楚地知道改造后的家是什么样的，不少适老化改造企业建了适老化改造样板间。这些样板间按照不同的需求，把卧室、客厅、卫生间都改造成适合老年人生活的样子。比如，在样板间的卫生间安装防滑地砖、方便起身的扶手，还有可以坐着洗澡的淋浴椅。老年人参观时可以直观地感受到改造后的便利，决定自家改造时也会更有方向。

还有移动展示型适老化样板间，它就像一个移动的"适老化小课堂"。适老化改造企业把样板间装在大货车里，开到各个社区、老年活动中心，让更多老年人看到适老化改造的成果。比如，在某个社区，移动样板间一亮相，就吸引了很多老年人前来参观，大家看完都觉得原来自己家还能变得这么安全、方便，从而大幅提高了自己对适老化改造的认识。

另外，智能技术的发展也给老年人带来了新的生活体验。像虚拟旅游服务可以让老年人足不出户就能通过虚拟现实设备游览故宫、长城这些名胜古迹，看看外面的精彩世界。

第 6 章
银发经济的多元化发展：产业与服务的融合

　　本章主要探讨了银发经济的多元化发展，即产业与服务的融合。首先介绍了银发经济涵盖的产业，包括健康医疗、康复辅助器具、抗衰老等七大产业，从多方面满足老年人需求；接着讲述了银发经济作为城市发展的第二增长曲线，在成为新经济增长点、推动产业结构优化和提升城市竞争力等方面的作用，并列举了东京、汉堡等国际城市案例；最后聚焦数字化转型，构建线上线下服务生态，线上涵盖健康管理、社交娱乐等服务，线下包括健康养老服务、老年用品专卖店等，通过线上线下信息互通、活动协同、营销结合等方式，实现优势互补，助力银发经济更好地发展。

银发经济涵盖的七大产业：
从健康到娱乐全方位覆盖

在全球人口老龄化的浪潮下，银发经济正在以前所未有的速度崛起，成为经济发展的新引擎。它涵盖了从满足老年人基本健康需求到丰富其精神娱乐生活的多个领域，全方位满足老年群体的多样化需求。

●● 健康医疗产业

在银发经济中，健康医疗产业特别重要，它就像一个坚实的盾牌，牢牢守护着老年人的健康。

人上了年纪，身体机能大不如前，各种慢性病也陆续找上门，老年人对健康医疗的需求越来越迫切。健康医疗产业涵盖多个关键领域，医疗服务就是其中一个。现在，越来越多的医院专门开设老年病科，配备专业的医护团队。这些医生和护士对老年常见疾病的诊断和治疗"门儿清"，还能根据老年人的身体特点，量身定制治疗方案。就拿患有心血管疾病的老年人来说，医生会综合考虑患者的身体耐受程度、过往病史等因素，精准用药，在保证治疗效果的同时，把药物的副作用降到最低。

康复护理是健康医疗产业的重要组成部分。对于那些因病或意外导致身体功能受损的老年人，专业康复护理机构和人员会提供针对性康复训练，从简单的肢体功能恢复到复杂的认知功能康复，一步步帮助老年人恢复身体机能，重新回归正常生活。很多中风后的老年人经过长期、系统的康复护理，又能重新站起来走路，生活自理能力大幅提升。

健康管理服务在健康医疗产业中同样发挥关键作用。智能手环、智能手表、智能戒指等智能穿戴设备能实时监测老年人的心率、血压、睡眠质量等生理数据，再通过大数据分析，及时发现潜在健康风险，为老年人提供个性化健康建议。

保健品市场也是健康医疗产业的重要一环。市面上各种营养补充剂、功能性食品五花八门，能为老年人补充日常饮食中可能缺失的营养元素，增强身体免疫力。像鱼油、辅酶 Q10 等保健品可以帮助老年人维护心血管健康，延缓身体衰老，深受注重健康的老年人喜爱。

展望未来，随着科技的不断进步，健康医疗产业在银发经济中将持续创新发展。远程医疗、人工智能辅助诊断等新兴技术将进一步提升医疗服务的可及性和精准性，为老年人的健康一路护航，让他们的晚年生活更加健康、安心。

●● 康复辅助器具产业

在人口老龄化现象不断加剧的当下，康复辅助器具产业的

重要性愈发显著。目前，失能半失能人口持续攀升，且 90%
的老年人选择居家养老。然而，4500 万名失能半失能老年人
的护理康复需求尚未得到充分满足。随着长护险制度的逐步完
善及其覆盖范围的不断扩大，越来越多的城市将辅具租赁与购
买纳入长护险补贴范围，这不仅为康复辅助器具产业的发展注
入了新活力，也将进一步激发并满足老年人的护理康复需求，
形成相互促进的良性循环。

　　从产业发展方向来看，一方面要推动助听器、矫形器、拐
杖、假肢等传统功能代偿类康复辅助器具的升级。例如，采用
更先进的材料和技术，提升助听器的音质清晰度和佩戴舒适度；
优化矫形器的设计，使其更好地贴合人体曲线，提高矫正效果。
另一方面要大力发展智能轮椅、移位机、康复护理床等生活照
护产品。智能轮椅可配备导航系统、自动避障功能，方便老年
人自主出行；移位机能帮助护理人员轻松转移失能老人，减轻
护理负担；康复护理床可实现多角度调节、自动翻身等功能，
为老年人提供更舒适的护理体验。

　　此外，应进一步增加认知障碍评估训练、失禁康复训练、用
药和护理提醒、睡眠障碍干预等设备产品的供给。通过开发专业
的认知障碍评估训练软件，配合智能硬件设备，帮助老年人改善
认知功能；失禁康复训练设备可指导老年人进行针对性训练，提
高老年人的自主控制能力；用药和护理提醒设备能确保老年人按
时服药、接受护理，避免因疏忽导致的健康问题；睡眠障碍干预

设备可监测老年人的睡眠状况，提供个性化的改善方案。

●● 抗衰老产业

近年来，随着人们对衰老认知的加深，抗衰老产业逐渐兴起。人类对衰老的恐惧催生了规模庞大的抗衰老消费市场。然而，针对老年人的抗衰老产品市场目前仍处于空白状态，市面上很少看到明确标注"老年人专用"或"50 岁 +"的护肤品。

在未来的发展中，深化皮肤衰老机理、人体老化模型、人体毛发健康等方面的研究至关重要。同时，应大力加强基因技术、再生医学、激光射频等在抗衰老领域的研发应用。推动基因检测、分子诊断等生物技术在延缓老年病的产品中的应用，开发老年病早期筛查产品和服务，做到早发现、早干预。在化妆品领域，积极推进原料研发、配方和生产工艺设计开发，以满足老年人对抗衰老护肤品的需求。

值得注意的是，未来更多的老年群体不再是传统的"轻消费、重积蓄"的经济型消费者。他们在产品选择上更加注重产品品质，消费需求正朝着高水平、高层次和多元化的方向发展，呈现出追求品质的享受型消费特征。而针对老年消费群体的抗衰老产业，预计有百亿级市场机会，发展潜力巨大，有望成为银发经济中又一个极具活力的增长点。

●● 老年教育产业

如今，很多老年人秉持"活到老，学到老"的想法。在这样的大环境下，老年教育产业发展得越来越好。老年教育产业的形式和内容丰富多样，主要有老年大学、社区教育和在线教育等。

老年大学开设了各式各样的课程，如书法、绘画、摄影、音乐、舞蹈、计算机等。这些课程能满足老年人不同的兴趣爱好，让他们提升自己，丰富精神生活。

社区教育主要是举办各种讲座、培训等活动，让老年人在家门口就能学习。学习内容有健康养生知识，如教老年人保养身体；有法律知识，如帮助老年人了解与自己相关的法律法规；还有生活技能，如教老年人使用新电器。

在线教育借助互联网突破了时间和空间的限制。老年人只要有手机、电脑和网络，不管什么时候、在什么地方，都能学自己感兴趣的课程。比如，学习使用智能手机，这样就能轻松地和家人朋友联系，更好地跟上数字时代的发展步伐。

●● 老年旅游产业

随着生活水平的提高，老年人的观念不断转变，越来越多的老年人渴望过上丰富多彩的晚年生活，老年旅游市场就这样诞生了，还发展得特别快。老年旅游产业专门按照老年人的身体情况和兴趣爱好，设计了很多适合他们的旅游产品和线路。

这些旅游产品和线路的行程安排都比较轻松，不会让老年人太累，还特别注重旅游地的舒适性和安全性。像有些康养旅游线路，把旅游和养生保健结合起来，选择风景好、空气清新的度假地，提供温泉疗养、中医理疗、健康讲座等服务，让老年人在游玩的同时调养身体。文化旅游线路则侧重带老年人去参观历史文化古迹、博物馆，满足他们对知识和文化的追求。老年旅游团还配有专业导游和医护人员，从各方面照顾老年人，保障他们旅途顺利。

●● 老年娱乐产业

老年娱乐产业同样在丰富老年人精神文化生活、满足他们休闲娱乐需求方面发挥重要作用。这一产业涵盖影视、广播、出版、文化活动等多个领域。

在影视领域，越来越多的影视作品聚焦老年人的生活和情感，用温暖感人的故事呈现出他们的内心世界。广播电台专门开设了适合老年人的栏目，内容有健康养生、历史文化、音乐戏曲等，让老年人能享受丰富的听觉盛宴。出版行业推出了很多适合老年人阅读的书籍和杂志，像养生保健类读物、老年文学作品等。各类文化活动也相当丰富，像老年文艺演出、戏曲表演、民俗展览等，为老年人提供了展示自我、享受文化艺术的好机会。

不仅如此，老年娱乐产业还和互联网联系紧密，线上游戏、短视频等新兴娱乐方式也慢慢融入老年人的生活，给他们带来了新的乐趣和社交机会，让他们的生活更加多姿多彩。

●● 老年金融产业

在银发经济中，老年金融产业同样占据关键地位。随着老年人财富的积累和养老规划意识的提升，老年金融需求日益凸显。这一产业涵盖养老储蓄、养老保险、老年理财等多项核心业务。

养老储蓄是老年人最基础的金融理财选择之一，他们将一部分积蓄存入银行，获取稳定的利息收益，为晚年生活提供资金保障。

养老保险则为老年人提供了抵御风险的能力，像商业养老保险可以在老年人达到约定的年龄时定期给付养老金，确保老年人在失去劳动能力后仍有稳定的收入来源。

老年理财市场也在不断发展，金融机构推出了一系列风险相对较低、收益较为稳健的理财产品，如专门为老年人设计的国债、货币基金等，帮助他们实现资产的保值增值。不过，考虑到老年人掌握的金融知识相对较少，金融机构通常会提供更加贴心的服务，如安排专业理财顾问为他们详细讲解产品特点、风险等级，耐心解答他们的疑问，确保他们在充分了解的前提下做出合适的投资决策。同时，监管部门加大了对老年金融市场的监管力度，严厉打击针对老年人的金融诈骗行为，维护老年金融市场的健康有序发展，让老年人的财富安全得到切实的保障。

银发经济与城市发展的第二增长曲线

银发经济对解决人口老龄化问题至关重要，已成为城市经济增长的新引擎，助力城市开启第二增长曲线。

●● 什么是城市发展的第二增长曲线

当城市原本的发展模式（第一增长曲线）快到极限或开始走下坡路时，为了突破困境，实现新的发展，经济体或产业需要依靠创新、技术进步、制度变革等，找到新的发展动力，这就是第二增长曲线。在城市发展迅速、老年人越来越多的情况下，怎么给城市经济找到新的发展动力，是我国城市发展要解决的大问题。

●● 银发经济成为城市新经济增长点

现在老年人越来越多，老龄化现象也越来越严重，银发经济即将迎来大发展。这不仅给城市带来了新的发展动力，还能推动经济转型升级。同时，银发经济带动了健康医疗、抗衰老、老年教育、老年娱乐等相关产业的兴起，为城市经济注入了新活力，让城市发展更有动力。

丹东是老龄化程度较高的城市，2024 年其老龄化率高达29.04%。为了应对老龄化问题，丹东提出了"养老＋旅游＋医疗"的新模式，利用当地的温泉、旅游资源，打造生态旅游养老基地，发展老年旅游和医养结合产业。这种模式不仅满足了老年人的养老和旅游需求，还带动了当地经济的发展，成为城市新的经济增长点。

●● 银发经济推动城市产业结构优化

银发经济的发展让城市的产业结构有了大变化。以前那些既浪费能源又污染环境的产业慢慢没了市场，绿色、低碳、环保的养老产业和相关服务业发展得很快。银发经济还带动了科技创新，让更多人愿意投身到养老服务相关的研究和工作中，培养了不少专业人才，这就给城市经济的持续发展提供了有力保障，让城市发展后劲十足。

过去，桂林的一些矿产开采及传统化工产业因对生态环境破坏较大，加上资源逐渐枯竭，在政策管控和市场竞争下，发展陷入困境。

随着银发经济的兴起，桂林利用自身得天独厚的山水景观，大力发展养老产业，在漓江沿岸建成了多个康养度假基地。这些基地不仅拥有优美的自然环境，空气清新、景色宜人，还配备了完善的医疗设施和丰富的休闲娱乐活动，像太极课程、养生讲座等，让老年人能在此安心养老。这一模式吸引了大量外地老年人前来长期居住或短期度假，极大地带动了周边民宿、餐饮、旅游纪念品销售等服务业的发展。

为了提升老年人的生活质量，不少科技公司在桂林开展研发工作，推出了能实时监测老年人心率、血压的智能健康枕，以及操作简单的智能助行器。越来越多的科技人才、养老服务专业人才汇聚桂林，为当地产业结构优化添砖加瓦，有力地推动了桂林经济的持续发展，让这座城市发展动力满满，未来可期。

●● 银发经济提升城市竞争力

银发经济的发展让城市变得更有竞争力。要是一个城市有完备的养老服务体系，像贴心的医疗护理、舒适的养老设施，还有丰富的老年文化活动，如老年大学课程、文艺演出等，那这个城市对老年人的吸引力就大，并且能吸引年轻人和投资者，这样其竞争力自然也强。此外，银发经济促进了城市之间的交流合作。不同的城市会互相学习养老产业发展经验，一起合作开发养老项目，带动周边地区经济共同发展，形成区域经济协同发展的好局面。

南京近年来大力发展银发经济。在养老服务体系建设上，南京推出了"喘息服务"，为长期照顾老年人的家庭提供短期的专业照护支持，还在社区打造了众多嵌入式养老机构，集生活照料、康复护理、文化娱乐等功能于一体，让老年人在家门口就能享受优质的养老服务。老年文化活动也丰富多彩，各类老年大学分校遍地开花，开设有书法、摄影、戏曲等课程，还经常举办老年文化艺术节，吸引大量老年人参与。这些举措让南京对老年人的吸引力大增，不少周边城市的老年人选择来南京养老。同时，南京积极与周边城市开展银发经济合作交流，如与扬州共同开发"宁扬养老休闲游"项目，整合两地旅游资源，推出适合老年人的康养旅游线路，不仅带动了相关产业的发展，还促进了区域经济的协同发展，极大地提升了南京在长三角地区的综合竞争力。

●● 国际城市案例分析

在建设智慧城市时，东京特别重视智慧养老系统建设。借助物联网技术，东京在很多社区搭建了智慧养老平台。这个平台能实时监测老年人的健康状况，当老年人遇到紧急情况时能一键呼叫求助，甚至不用出门就能享受远程医疗服务。这些服务让老年人的生活更安心、更便利，生活质量大幅提高。同时，智慧养老产业的发展带动了相关科技产品和服务需求的增加，有力地推动了东京银发经济的发展，让东京在老龄化社会背景下，依然能保持良好的经济活力和社会发展态势。

汉堡是德国的重要港口城市，以前主要靠重工业和物流产业发展。但全球产业一直在变，汉堡也面临产业升级的难题。后来，汉堡把绿色经济和银发经济结合起来，成功实现了产业转型，经济发展开始向好。汉堡的市区和郊区建了很多可持续养老社区。这些社区服务得特别好，有专业医护人员照顾老年人的健康，当老年人遇到紧急情况时能及时得到救助。社区内到处都是绿色植物，环境特别舒适。社区里的建筑用的是节能材料，还充分利用太阳能这些清洁能源，特别环保。这种融合发展模式吸引了很多老年人来住，带动了养老服务、健康护理等行业的发展，让银发经济越来越繁荣。同时，绿色建筑和可再生能源等领域迎来了发展机会，绿色经济也发展起来了。两者相互促进，汉堡不但不再依赖传统重工业，还找到了新的发展路径，城市发展更有活力了。

伦敦作为全球金融中心，在银发经济领域展现了强大的创新力。它将智慧养老与金融服务深度融合，为老年人提供便捷、安全的金融支持。比如，金融机构推出了定制化养老金管理和医疗保健保险等产品，通过智能化手段提升服务效率和安全性。同时，伦敦建设了智慧养老平台，将金融服务与养老服务相结合，为老年人提供一站式服务。这种创新不仅推动了银发经济的发展，也为伦敦的城市发展注入了新的活力，成为其第二增长曲线的重要推动力。

阿姆斯特丹作为荷兰的首都，以其丰富的旅游资源而闻名。在银发经济领域，阿姆斯特丹将智慧养老与旅游产业相结合，为老年人提供了独特的旅游体验。阿姆斯特丹通过智慧养老平台，为老年人提供了定制化旅游服务，包括行程规划、健康监测、紧急救援等。同时，阿姆斯特丹积极推动旅游产业转型升级，开发了一系列适合老年人的旅游产品，如养生度假、文化体验等。这种协同发展不仅满足了老年人的旅游需求，也推动了阿姆斯特丹的旅游产业升级和银发经济的发展。智慧养老与旅游产业的结合为阿姆斯特丹的城市发展带来了新的增长点，成为其第二增长曲线的重要组成部分。

银发经济的数字化转型：
线上＋线下的服务生态构建

随着数字技术的快速发展，银发经济向数字化转型迫在眉睫。打造线上线下融合的服务模式，既能给老年人提供方便、高效、贴心的服务，满足他们在物质和精神方面不断增长的需求，又能帮助企业打开更大的市场，促进银发经济更好地发展。

●● 银发经济的线上服务生态

线上服务的最大优势在于突破了时间和空间限制，让老年人无论身处偏远的乡村还是繁华的都市，都能平等地享受各种服务。比如，过去农村老年人想学一门兴趣课程，可能因师资和场地不足而无法实现，但如今他们通过线上平台就能轻松报名学习。同时，线上平台能利用大数据技术精准分析老年用户的行为习惯和需求偏好，为企业提供有价值的市场洞察，帮助企业开发更贴合老年人需求的产品和服务。银发经济的线上服务生态如图6.1所示。

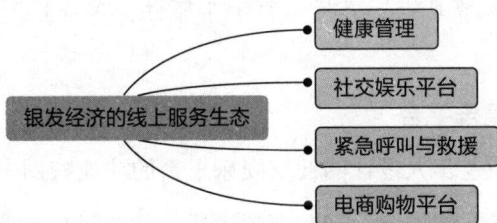

图6.1　银发经济的线上服务生态

健康管理

物联网技术可以实时监测老年人的健康状况，并提供健康咨询和疾病预防服务。同时，大数据和人工智能技术能为老年人量身定制个性化的健康管理方案，帮助他们更好地管理健康。

一些智慧社区借助物联网技术，在老年人家中的卫生间、卧室等关键区域安装了智能传感器，能 24 小时实时监测老年人的行动状态。比如，当老年人在卫生间停留时间过长时，系统就会自动发出提醒，工作人员会及时联系老年人确认情况，避免发生意外。

同时，社区的健康服务中心会定期为老年人进行健康检查，收集他们的身体指标数据，如血糖、血压、血脂等。这些数据会被上传到大数据平台，经过人工智能技术的深度分析，系统能精准地了解每位老年人的健康状况和潜在风险。之后，健康管理团队会根据分析结果，为老年人量身定制个性化健康管理方案。要是某位老年人的血糖数据显示偏高，健康管理方案就会详细规划适合他的低糖饮食菜谱，以及每天建议的运动量，如饭后散步半小时等，全方位帮助老年人管理健康。

社交娱乐平台

专门为老年人设计的社交娱乐平台的功能特别丰富。老年人可以和远方的子女、老友视频通话，就像面对面聊天一样；也可以在社区交流板块和其他老年人分享生活趣事、养生经验。

平台上还有各种在线学习课程，如书法、绘画、音乐等，满足老年人的兴趣爱好。闲暇时，老年人可以在平台上观看系统专门为他们挑选的老年题材影视剧，放松身心。

就拿"闲趣岛"这款专门为老年人设计的社交娱乐平台来说，它的功能十分丰富，给老年人的生活增添了许多乐趣。

张奶奶的子女都在外地工作，平时她只能通过电话和孩子们联系。加入闲趣岛后，张奶奶和子女的视频通话更加频繁了，看到屏幕里子女和孙子的笑脸，就像一家人围坐在一起聊天一样，她心里满是温暖。

在社区交流板块，张奶奶结识了很多老年朋友，大家经常分享生活中的点点滴滴。李大爷分享了自制的养生茶配方，张奶奶试了后觉得效果很好，还推荐给了其他邻居。张奶奶一直对绘画感兴趣，在闲趣岛的在线学习课程中，她跟着专业老师一笔一画地学习，绘画技巧有了很大的提升。晚上闲暇时，张奶奶会在平台上观看老年题材影视剧，《父母爱情》她看了好多遍，每次看都有不一样的感受。她沉浸在剧情里，心情既放松又惬意。

紧急呼叫与救援

为了保障老年人的安全，可以建立线上紧急呼叫系统。老年人如果遇到紧急情况，如突然生病、不小心摔倒，只要按下呼叫按钮，就能马上发出求救信号。这个系统和当地急救中心、社区服务中心紧密联动，求救信号会被迅速传达过去，急救中心和社区服务中心收到信号后会立刻安排救援，从而大幅提高了救援效率，让老年人能在第一时间得到帮助。

西安新城区的陈奶奶是一位独居老人，子女都在外地工作。前段时间，社区工作人员在了解情况后，为陈奶奶安装了"一键呼叫"紧急报警系统。这个系统采用物联网技术，由一个圆形报警按钮和拉绳组成，操作特别简单。2023 年 11 月的一天，陈奶奶突然身体不适，腹痛难忍。危急时刻，她赶紧拉动拉绳报警。瞬间，报警信号通过网络以短信形式发送到了陈奶奶子女的手机上，同时社区工作人员收到了通知。社区网格员小赵收到通知后，一边在电话中安抚陈奶奶，一边联系车辆，迅速将陈奶奶送往附近医院。经医生诊断，陈奶奶是突发急性胃肠炎，好在送医及时，并无大碍。

电商购物平台

考虑到老年人的使用需求，电商购物平台特意设计了简洁又方便操作的购物界面。界面采用大字号文字，让老年人看得清楚；平台支持语音搜索，老年人直接发语音就能找到商品；要是下单有困难，还有人工客服帮忙。平台专门设有老年用品专区，里面东西特别全，像老年服饰、保健品、康复器材等，满足了老年人的各种生活需要。

考虑到老年人在网购时可能遇到的困扰，淘宝专门推出了长辈模式。开启该模式后，购物界面变得简洁明了，商品展示区域的字号明显放大，老年人不用再费力辨认。要是老

年人想搜索商品，但不想打字，点击语音搜索按钮，说出想
买的商品，如"老年保暖内衣""降压保健品"，界面就会
快速跳出相关商品。

李大爷之前不太会网购，子女给他设置了淘宝长辈模式
后，购物就方便多了。有一次他想给老伴买双舒适的老年鞋，
通过语音搜索很快就找到了合适的款式。下单时，李大爷对
尺码拿不准，便点击界面上显眼的客服图标，人工客服很快
回应并耐心解答，还帮他完成了下单。

淘宝长辈模式下的老年用品专区商品丰富，像各种款式
的老年服饰，从唐装到休闲装一应俱全；保健品涵盖补钙、
降"三高"各类产品；康复器材也很全，轮椅、拐杖、助行
器等都有，以全方位满足老年人的购物需求。

●● 银发经济的线下服务生态

线下服务的最大优势是能让老年人感受到实实在在的温暖
和尊重。比如，社区养老服务中心的工作人员会定期上门看望
独居老年人，陪他们聊天、帮忙做家务，这种面对面的关怀让
老年人感到很贴心。线下的文化娱乐活动也很受欢迎，像社区
组织的书法比赛、老年舞蹈队排练，老年人可以亲自参与，并结
交朋友。在健康养老方面，线下服务的应急响应速度更快。比如，
当老年人突发疾病时，社区医护人员能迅速上门急救，及时送医，
保障老年人的安全。银发经济的线下服务生态如图 6.2 所示。

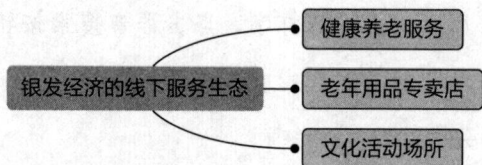

图6.2　银发经济的线下服务生态

健康养老服务

在银发经济的线下服务中，健康养老服务是关键部分。像养老院、护理院这些养老机构，给老年人提供了生活照料、医疗护理、康复保健等全套服务。就拿李奶奶住的养老院来说，护理人员一天24小时随时待命，照顾老年人吃饭、洗漱，陪老年人散步、做简单的运动，把他们的日常生活安排得井井有条。

养老院还有专业的医生和护士，会定期给老年人量血压、测血糖，要是老年人身体不舒服，他们能马上处理。对于有康复需求的老年人，医护人员会根据他们的身体情况，制订专属的康复训练计划，帮助他们慢慢恢复身体机能。

另外，社区卫生服务中心也在健康养老领域发挥重要作用。社区卫生服务中心不仅给老年人看病、解答健康疑问、管理慢性病，还经常举办健康讲座，让老年人在家门口就能享受贴心的健康服务。

太原市南官坊社区养老服务中心是山西省落实民生实事的具体项目之一，每年服务三四万人次。在这里，老年人不仅能享受生活照料、医疗护理等服务，还能参与丰富的康复保健活动。社区卫生服务中心也发挥了重要作用，不仅给老年人看病、解答健康疑问、管理慢性病，还定期举办健康讲座，如"合理营养、防治慢性疾病"等主题讲座，让老年人在家门口就能享受贴心的健康服务。

老年用品专卖店

为了让老年人购物更舒心，现在不少地方开设了线下老年用品专卖店。在这儿，老年人可以直接试用商品，像试穿老年鞋，看看走路舒不舒服；试试按摩椅，感受按摩力度合不合适。这样能让他们买东西时心里更有底。要是老年人对产品有疑问，店里有专门的工作人员耐心解答，讲解产品的功能和用法。买回去之后，要是产品出了问题也不用担心，专卖店还提供售后维修服务，这一系列贴心的服务让老年人买得放心，用得安心。

在上海市静安区有一家老年用品专卖店，深受周边老年人的喜爱。王奶奶一直想买双既防滑又舒适的老年鞋。她走进这家专卖店后，店员热情地迎上来，帮她挑选了几款热门款式。王奶奶坐在试鞋凳上逐一试穿，店员还贴心地扶着她走几步，感受鞋子的舒适度和防滑效果。在试穿过程中，王奶奶对鞋子的材质提出疑问，店员马上详细介绍了鞋面采用的透气抗菌面料及鞋底的特殊防滑设计。王奶奶满意地买下了鞋子。可没过多久，鞋子的鞋带扣不小心被扯坏了。王奶奶联系专卖店后，店员立刻安排师傅上门，不仅免费更换了鞋带扣，还仔细检查了鞋子的其他部位。王奶奶高兴地说："在这家店买东西，服务太周到了，以后买老年用品就认准这儿了！"

文化活动场所

为了丰富老年人的精神生活，满足他们的文化学习需求，不少地方都建设了老年文化活动中心和老年大学。在这些地方，老年人的生活可充实了。老年文化活动中心经常举办各种文化活动，像文艺汇演、书法绘画展览，大家都能一展身手。老年大学开设了丰富多样的讲座和培训课程，从智能手机使用教程、养生保健知识到书法、绘画、舞蹈等兴趣课程，老年人想学什么就能学什么，晚年生活更加精彩了。

在杭州，老年文化活动中心和老年大学为老年人的精神生活添上了浓墨重彩的一笔。就拿位于西湖区的翠苑街道老年文化活动中心来说，这里热闹非凡。每逢传统节日，这里都会举办盛大的文艺汇演，老年人们纷纷登台，有的演唱经典越剧，有的表演优美的民族舞蹈，台下掌声不断。书法绘画展览也会定期举办，一幅幅饱含深情的作品挂满了展厅，展现了老年人的艺术风采。

杭州老年大学更是深受欢迎，课程设置紧跟时代潮流与老年人需求。在智能手机使用教程课堂上，老师耐心地教老年人用微信视频通话、网上购物，让他们也能紧跟数字时代的发展步伐。养生保健讲座则邀请专家讲解饮食调理、运动健身的知识，帮助老年人更好地管理健康。书法课上，老年人们挥毫泼墨，墨香四溢；舞蹈教室里，老年人们跟着节奏翩翩起舞。在课堂上，老年人们尽情享受学习的乐趣，让晚年生活充满了活力与精彩。

●● 银发经济的线上线下融合

为了让老年人的生活更便利、更舒适，线上线下融合模式越来越流行。以前的服务不是线上操作复杂，就是线下不够灵活，现在将线上线下结合起来，实现优势互补。线上可以提供海量信息，方便下单；线下能让老年人亲自感受产品质量，享受贴心的服务。银发经济的线上线下融合如图6.3所示。

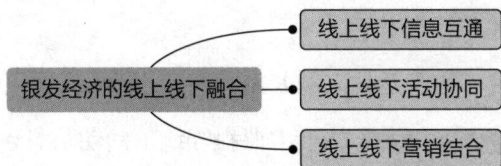

图6.3　银发经济的线上线下融合

线上线下信息互通

线上平台和线下服务机构"联手"提供服务。不管是老年人在网上注册成为会员的信息，还是老年人在养老院、老年用品店享受服务的记录，线上平台和线下服务机构都能同步看到。这样一来，不管是线上咨询还是线下消费，工作人员都能快速了解老年人之前的情况，提供更贴心的服务。

上海的亲和源养老集团实现了线上线下的紧密协作。王奶奶在亲和源官方App上注册成为会员，填写了自己的健康状况、兴趣爱好等信息。当她前往亲和源旗下的一家养老院参观时,工作人员早已通过线上平台获取了这些信息,热情地迎接了她,并为她详细介绍合适的养老房型和护理服务。王奶奶入住后,护工将王奶奶的饮食喜好、每日健康监测数据等服务记录实时更新到线上系统。有一次,王奶奶的子女想给她购买亲和源商城里的老年用品,在线上咨询时,客服依据共享数据推荐了适合王奶奶的保健产品和舒适的老年服饰,让整个购物过程既省心又安心,真正实现了线上线下服务的无缝对接。

线上线下活动协同

线上线下的联系越来越紧密。线上平台会发布养老院举办的文艺汇演、老年大学的手工课程等线下活动信息,还配上活动的精彩预告和亮点介绍,吸引老年人报名参加。等老年人到了线下活动现场,工作人员会引导他们关注线上平台,教他们在线上参与互动。比如,活动结束后,老年人可以在线上投票选出自己最喜欢的节目,分享活动的感受和心得。

在成都,武侯区老年大学把线上线下结合得特别好。每学期开学前,老年大学的官方微信公众号会发布丰富的线下课程和活动信息,像国画进阶班、智能手机实用技巧课、中秋文艺晚会等。其公众号发布的文章中不仅有详细的课程介绍、活动时间与地点,还配有以往学员的优秀作品展示、精彩活动照片,吸引了众多老年人报名。

　　张大爷报名参加了智能手机实用技巧课。上课第一天，老师在课堂上引导大家关注学校的线上学习平台，还教大家在线上提交作业、参与讨论。学期末的文艺汇演结束后，学校在线上发起了"最受欢迎节目"评选活动，老年人们纷纷登录线上平台，为自己喜欢的节目投票，还在评论区分享自己的观演感受。有的老年人说舞蹈节目活力满满，有的老年人称赞合唱节目气势磅礴。通过这种线上线下的互动，老年大学的活动变得更有趣了，老年人的学习生活也更加丰富多彩了。

线上线下营销结合

　　当下，商家为了让自己的产品和服务被更多老年人知晓并选择，采取了线上线下双管齐下的宣传策略。线上，商家会在微信、抖音这些老年人常用的社交媒体平台发布精美的宣传视频和图文，介绍产品的功能、服务的特色，还会投放针对性的广告，将产品和服务精准地推送给目标老年群体。比如，向目标老年群体推送老年保健品的宣传视频，详细讲解产品保健原理和适用人群。线下，商家会走进各个社区，举办健康讲座、手工体验等活动，和老年人面对面交流互动，同时宣传自己的品牌。老年用品专卖店还会开展限时折扣、满减优惠等促销活动，吸引老年人进店消费，让他们实实在在地感受产品质量，从而提升购买意愿。

　　李大爷最近总在微信朋友圈刷到一款老年按摩椅的宣传

视频，视频中详细介绍了按摩椅的功能，如缓解腰酸背痛、促进血液循环等，还贴心地标注了适合中老年人的使用方法，这正是他所需要的。原来，商家通过精准算法，将广告推送给了像李大爷这样有需求的老年群体。周末，李大爷在社区活动中心参加健康讲座时，又遇到了该按摩椅品牌的工作人员。他们不仅现场讲解了健康养生知识，还带来了按摩椅样机，让李大爷和其他老人免费体验。工作人员耐心地解答大家的疑问，介绍产品优势。活动结束后，李大爷被深深地吸引，加上专卖店还有满减优惠活动，他很快就下单购买了这款按摩椅。通过线上精准推送和线下社区活动、门店促销相结合的方式，这家按摩椅商家成功地将产品推销给了目标老年客户。

第 7 章
银发经济的国际经验与本土实践

    本章从国际视角探讨了银发经济的发展模式、机遇与挑战，并结合中国本土实践案例，总结了银发经济的发展路径。发达国家如日本、美国、德国等在银发经济领域积累了丰富的经验，通过科技引领、金融驱动、医养结合等模式，满足了老年人多样化的需求。然而，银发经济在发展过程中也面临诸多挑战，如人口结构差异、消费观念与支付能力参差不齐、专业人才短缺及政策法规复杂等。中国在政策引领下，通过科技创新与产业升级，结合市场需求，探索出了具有中国特色的银发经济发展路径，如泰康之家的医养融合社区、乌镇雅园的养生养老模式及小棉袄智慧养老平台等实践案例，为老年人提供更优质、更便捷的服务。

发达国家的银发经济发展模式

发达国家的银发经济发展模式各有特点，不过目标一致，都是为了满足老年人吃穿住行、医疗保健、精神文化等多方面的需求，推动银发经济保持良好的发展态势。

●● 日本：以科技为驱动的高精度养老模式

日本在养老服务领域大量运用先进技术，极大地便利了老年人的生活。像智能护理机器人就被广泛用于协助照顾失能半失能老年人，能帮老年人移动、翻身，让护理人员轻松不少。同时，智能手环、智能床垫等健康监测设备能实时采集老年人的心率、血压、睡眠质量等身体数据，并借助物联网技术将这些数据及时传送给医护人员或老年人家属，一旦出现数据异常，系统能快速响应，守护老年人的健康安全。

日本的老年住宅在设计上充分考虑了老年人的需求，内部空间布局合理，走廊和通道宽敞，方便坐轮椅的老年人自由通行；卫生间和浴室装了很多扶手，地面用的是防滑材料，大幅降低了老年人摔倒的风险。此外，多数老年住宅设有紧急呼叫系统，老年人一旦遇到突发情况，能马上呼救。这些住宅的周边配套也很完善，和医疗机构、超市、社区服务中心等紧密相连。比如，有些社区设立了综合服务站，能为老年人提供送餐、上门护理、康复理疗等服务，让老年人不出社区就能享受便捷的一站式养老生活。

在日本，政府和企业积极鼓励老年人继续参加社会活动与就业，为他们提供了不少合适的岗位，像超市的收银员助理、社区中心的行政助理等。这样一来，老年人不仅能多一份收入，还能在工作中发挥自己的价值，从而提升社会认同感和生活满意度。除此之外，社会上还组织了各类老年志愿者活动，鼓励老年人把自己的经验和技能分享给年轻人，促进不同年龄段人群之间的交流。

●● 美国：依托金融力量的多元化社区养老模式

在美国，金融机构在银发经济的发展中发挥重要作用。反向抵押贷款就是一款很有代表性的金融产品，老年人把自己的房子抵押给金融机构，金融机构会按照房子价值和老年人年龄等情况，每月给其发放一笔现金，让其用于日常开销，这样老年人就能靠房产资产改善养老生活。除此之外，美国还有养老基金、长期护理保险等各式各样的金融产品，给老年人的经济保障提供了更多选择，让他们的养老生活更安心。

美国的老年社区类型丰富多样，能满足不同老年人的需求。活力长者社区主要面向身体比较健康、生活能自理的老年人，社区里配备了高尔夫球场、游泳池、健身房等各种娱乐设施，还会组织舞会、社区聚餐这类社交活动，让老年人能尽情享受社交和娱乐生活。持续照料退休社区则是一家综合性更强的养老社区，不管老年人健康状况如何，都能在这里得到服务。它设有独立生活公寓、辅助生活设施和专业护理病房，老年人能根据自己的身体状况在社区内换不同的区域居住，享受相应的服务，得到从健康生活到临终关怀的全周期照料。

美国搭建了完备的老年教育和培训体系。众多大学和社区学院为老年人准备了丰富的课程，涵盖人文艺术、科学技术、职业技能等多个领域，老年人完全能依据自己的兴趣和需求来挑选。比如，有的老年人为了跟上时代发展步伐，会学习计算机编程；有的老年人为了充实精神生活，会选择绘画、音乐这类课程。此外，这些教育机构为老年人提供了交流和展示的机会，像举办老年学生作品展览、开展学术研讨会等活动，帮助老年人不断学习、丰富自我。

●● 德国：医养结合与互助养老模式

在德国，养老院等养老机构和医疗服务联系特别密切。大部分养老院配有专业的医生、护士、康复治疗师等医护人员，不仅能给老年人做日常健康检查、疾病诊断与治疗，还能提供康复护理服务。要是老年人患有慢性病，在养老院就能定期得到检测和治疗，不用频繁地跑医院，方便多了。此外，德国的养老机构还和周边医院合作，一旦老年人出现紧急情况，能快速将其送往医院救治，全力保障老年人的健康和安全。

德国大力推行像"多代屋"这样的互助养老模式。"多代屋"就是不同年龄段的人住在一起的地方。在这里，年轻人帮老年人购物、打扫卫生，老年人则把生活经验和技能教给年轻人。这种模式既减轻了社会养老的压力，又增进了不同代际人之间的感情交流，促进了社会融合。除此之外，德国的社区还会组织各种互助活动，鼓励邻居们互相照顾老年人，营造了很好的社会养老氛围。

德国的老年用品产业口碑极佳，主打高质量和人性化设计。就拿康复辅助器具来说，像轮椅、拐杖，选材讲究，功能设计合理，制作工艺也相当精湛，能很好地满足老年人的实际需求，让他们生活得更轻松。还有老年护理用品，像护理床、失禁用品，在保证舒适度的同时，也十分注重安全性，为老年人的日常生活提供了有力保障。

●● 丹麦：以居家养老为核心的福利型养老模式

丹麦的养老模式以居家养老为核心，政府在其中发挥关键作用。丹麦政府秉持"居家养老是最好的选择"这一理念，投入大量资金用于居家养老服务的建设与完善。

在丹麦，政府为有需求的老年人提供专业的上门护理服务，护理人员具备丰富的经验和专业技能，能够为老年人提供生活照料、医疗护理、康复保健等全方位的服务。同时，政府会安排家政人员帮助老年人打扫卫生、采购生活用品等，让老年人在家就能享受便利的生活服务。

为了鼓励邻里互助，丹麦还推行了"邻居互助计划"。社区会组织志愿者（通常是老年人的邻居）定期拜访独居老年人，陪他们聊天、帮忙处理一些简单的事务，让老年人感受到社区的温暖和关怀，减少孤独感。

丹麦的养老设施也别具特色。除了传统的养老院，还设有老年公寓，这种公寓专为老年人设计，内部设施均做了适老化设计，周边配套有超市、医疗中心等，方便老年人的日常生活。老年公寓内还会组织各类社交活动，如手工制作、读书分享会等，以丰富老年人的精神文化生活，促进他们之间的交流互动。

在医疗保障方面，丹麦的全民医疗体系覆盖了所有老年人，老年人看病几乎无须支付高额的费用，这大幅减轻了老年人及其家庭的医疗负担，让老年人能够安心养老。

●● 新加坡：多元融合的积极养老模式

新加坡的养老模式注重多元融合，鼓励老年人积极参与社会生活，实现"老有所乐、老有所为、老有所安"。

在政策层面，政府出台了一系列举措，通过住房公积金制度，为老年人的养老生活提供经济保障。民众在工作期间积累公积金，退休后可用于养老支出。同时，政府大力补贴养老设施建设，鼓励社会力量参与养老服务。

社区在新加坡养老体系中至关重要。社区构建了完善的养老服务网络，设有众多社区活动中心。这些中心为老年人提供各类服务，如日间照料、康复护理、文化娱乐活动等。例如，社区定期组织健康讲座、舞蹈课程、书法绘画班等，丰富老年人的精神生活。社区还推行"乐龄关怀大使"计划，志愿者们会主动关心社区内的老年人，了解他们的需求并提供帮助。

新加坡的养老设施丰富多样。"组屋"是新加坡老年人常见的居住选择，政府针对老年人的需求，对组屋进行适老化改造，增设无障碍设施、紧急呼叫系统等，同时建有专业的养老院和护理院，为失能半失能老人提供专业护理服务。此外，新加坡推出"活力长者公寓"，这种公寓融合了居住、社交、娱乐等多种功能，鼓励老年人保持活力，与他人互动交流。

在教育与就业方面，新加坡鼓励老年人终身学习，提供各类老年教育课程，涵盖信息技术、艺术鉴赏、烹饪等领域，帮助老年人跟上时代发展的步伐。政府还为有意愿的老年人提供再就业机会，如在图书馆、博物馆担任导览员，在社区从事简单的服务工作等，让老年人继续发挥价值，提升社会认同感。

国际视角下的银发经济：机遇与挑战

在国际上，银发经济前景广阔，机遇无限，但也面临不少挑战。每个国家都应依据自身实际情况，制定恰当的政策，助力银发经济稳步前行。与此同时，各国还应加强交流合作，学习借鉴国际先进经验，携手应对人口老龄化带来的各种挑战。

●● 国际视角下银发经济的机遇

从国际视角看，银发经济不仅在经济层面催生了巨大的市场和发展潜力，还深刻地影响了科技创新、文化传承，为老年人生活质量的提升、就业机会的创造、智能科技的进步及尊老敬老文化的弘扬等带来了广泛的机遇。

经济方面的机遇

全球老龄化的趋势无法改变，预计到 2050 年，全球每三个人中就有一个是 60 岁以上的老人，占比高达 38.8%。这么多老年人，给银发经济带来了巨大的市场。

中国是世界上老年人口最多的国家之一，随着人口老龄化的发展，银发经济规模快速扩张。按照人均消费水平的中等增速来算，2035 年中国银发经济规模预计能达到 45.35 万亿元，占 GDP 的 22.67%；到 2050 年，这一规模预计将飙升至 98.22 万亿元，占 GDP 的 24.55%，发展潜力巨大。

银发经济的发展带动了健康养老、旅游休闲、金融服务等多个行业的升级和转型。现在的养老院不仅照顾老年人的生活起居，还提供专业的医疗护理；老年旅游线路更注重舒适性和安全性；金融机构推出了专属的理财产品。这些改变让银发经济变得更有竞争力，也让整个经济发展更加多元化。

另外，银发经济的兴起为投资者提供了更多的投资机会。像老年用品制造，老年人对各种产品的需求不断增加；智慧健康养老行业结合科技为老年人提供更优质的健康和养老服务；康复辅助器具行业帮助老年人改善身体机能。投资这些领域，不仅可能收获不错的收益，还顺应了社会发展的趋势，满足了老年群体的实际需求。

科技方面的机遇

随着银发经济的不断发展，老年人对科技创新的需求越来越高。为了满足老年人的需求，智能穿戴设备、远程医疗服务、抗衰老产品等不断被研发出来，应用越来越广泛。就拿智能穿戴设备来说，老年人戴上它，就能随时监测自己的健康状况；远程医疗服务让老年人不用出门，在家就能看病。这些科技创新不仅让老年人生活得更方便、更舒适，也给企业带来了新的赚钱机会，开拓了一片新的市场。

文化方面的机遇

银发经济的发展好处多多。一方面，它让尊老敬老的传统美德得到了更好的弘扬，大家对老年人也越发关注和尊重了。社会通过提供各种优质的银发产品和服务，实实在在地满足了老年人的需求，把对他们的关爱与尊重落到了实处。另一方面，银发经济促进了不同文化之间的交流融合。就拿旅游休闲来说，老年人出去旅游，能亲身感受不同地区的文化特色，在游玩的过程中，各地的文化也得到了传播，变得更加丰富多彩。

●● 国际视角下银发经济面临的挑战

从全球视角来看，银发经济确实前景不错，有着大把发展机遇，但也面临不少挑战。

人口结构差异与市场细分难题

不同国家和地区的人口老龄化程度与速度各不相同。比如，日本老龄化程度高且老年人口规模庞大，而一些非洲国家的老龄化进程相对较慢。这种差异导致全球银发经济市场难以统一规划，企业在细分市场时需要考虑很多复杂因素，从而增加了精准定位目标客户的难度。

一家跨国养老服务企业在日本开展业务时，投入大量资金建设了高端养老公寓，配备了专业护理团队，还开设了各类兴趣课程，因为日本老年群体有足够的市场需求和消费能力来支撑这样的服务。但当这家企业尝试进入非洲市场时，却发现在日本的模式完全行不通。当地老年人口规模小，且大部分老年人受经济条件限制，更倾向于家庭养老，对商业化的养老服务接受度低。该企业不得不重新调整策略，花费大量时间和精力去调研当地老年群体的真正需求，之后决定开发一些低成本的上门健康咨询服务，以适应非洲市场，这无疑增加了企业经营的难度和复杂度。

消费观念与支付能力参差不齐

除了老龄化程度和速度不同，国际上老年群体的消费观念也大不一样。在一些发达国家，老年人更看重生活品质，愿意为健康保健、休闲娱乐等服务花钱，如购买高端健身器材、报名参加海外旅行团等。然而，在不少发展中国家，老年人受传统节俭观念的影响，消费比较保守，更倾向于把钱存起来，觉得不必要的开销能省则省。此外，不同国家老年人的收入水平和积蓄情况也有很大的差距，这就导致他们的支付能力参差不齐。这种消费观念和支付能力的双重差异，给银发经济产品和服务的定价带来了难题。企业很难制定一个通用的价格体系，既要考虑发达国家老年群体的高消费意愿和支付能力，又要兼顾发展中国家老年群体的消费习惯和经济实力。定价太高，发展中国家的老年人买不起；定价太低，又难以覆盖在发达国家的运营成本。

一家专门生产老年按摩椅的企业在开拓国际市场时，就深刻地体会到了不同国家老年群体消费观念和支付能力差异带来的定价难题。当该企业把按摩椅推广到美国、日本等发达国家时，发现当地很多老年人对健康保健十分重视，他们追求高品质生活，愿意为提升生活舒适度投资。因此，即便按摩椅价格较高，只要质量和功能过硬，仍有不少老年人愿意掏钱购买。例如，一款具备多种按摩样式、材质精良的按摩椅定价在 3000 美元左右，在美国一些城市销量很好。

但当该企业把目光投向印度、越南等发展中国家时，情况就截然不同了。这些国家的老年人大多秉持传统的节俭观念，日常消费非常谨慎，对于按摩椅这类非生活必需品，更是觉得没必要花钱购买。就算企业推出了基础款、价格相对亲民（仅售 500 美元）的按摩椅，销量依然不尽如人意。这些国家的老年人收入普遍较低，积蓄有限，他们更愿意把钱用在衣食住行等基本生活开销上。该企业在制定全球统一价格时，陷入了两难境地。

专业人才短缺

随着银发经济的不断发展，人们对养老护理、老年健康管理等方面专业人才的需求越来越迫切。但在全球各个地方，这类专业人才都很紧缺。这主要有两个原因，一是相关专业的教育和培训体系不太完善，培养出来的专业人才数量有限。学校教的内容有时无法满足实际工作需求，学生学到的知识和技能不够实用。二是养老服务行业工作强度大，工作人员不仅要照顾老年人的日常生活起居，还要时刻关注他们的健康状况。工作人员工作时间长、压力大，薪资待遇却相对较低，付出和回报不成正比。这就导致很多人不愿意从事这个行业，正在做的人也容易跳槽，人才流失严重。而人才的短缺直接影响了银发经济相关产业的服务质量，服务不到位，老人和家属不满意，产业发展速度也跟着慢了下来，阻碍了银发经济的进一步发展。

青岛有一家规模不小的养老机构，随着周边老年人口的增多，该机构的入住率不断上升，对养老护理和健康管理人才的需求也日益迫切。然而，该机构一直面临专业人才短缺的困境。

从教育和培训体系来看，机构招聘的一些护理人员有不少是刚毕业的学生。这些学生在学校学习了很多理论知识，如老年心理学、护理学基础等，但到了实际工作中，发现很多知识用不上。就像面对老年人突发的情绪问题，学校教的方法很难奏效，护理人员缺乏实际操作经验和应对技巧。此外，学校的课程设置与养老机构的实际需求存在脱节，导致真正符合岗位要求的专业人才数量有限。

从工作环境和待遇方面来说，这家养老机构的护理人员每天的工作十分繁重。他们不仅要在清晨帮助老年人起床洗漱、准备三餐，还要时刻留意老年人的身体状况，陪老年人进行康复训练。遇上老年人夜间突发疾病，护理人员就得通宵照顾，工作时间长且压力巨大。但他们的薪资并不高，和付出的辛苦不成正比。因此，很多护理人员工作没多久就选择离职，人才流失严重。

这种人才短缺的情况使养老机构的服务质量大打折扣。老年人的日常护理有时无法及时跟上，健康管理也不够精细，老人和家属的满意度持续下降。该机构原本计划扩大规模、引入更多高端服务项目，现在因为人手不足而导致计划搁置，从而严重阻碍了其在银发经济浪潮中的发展步伐。

政策法规复杂

不同的国家和地区针对银发经济制定的政策法规各不相同，包括市场准入、税收优惠和服务标准等。企业在拓展国际市场时，需要花大量的时间和精力去了解并适应这些差异，这不仅增加了运营成本，还提高了市场风险。

有一家在国内发展得很不错的养老服务企业，满怀信心地进军国际市场，打算把优质的养老服务带到世界各地。当该企业把目光投向欧洲某国时，才发现这里的政策法规和国内大不相同。在市场准入方面，该国要求养老服务机构的场地必须是自有产权，且面积要达到一定规模，这和国内可租赁场地运营的规定差异巨大。要满足这一条件，企业需要投入大量资金购买场地。在税收优惠方面，该国对养老服务企业的税收减免政策有着严格的限定条件，企业需要花费大量的时间和精力去整理资料、申请优惠，程序远比国内复杂。在服务标准方面，从护理人员和老年人的配比到设施设备的安全标准，都有细致的规定。

就拿审批流程来说，这家企业仅准备审批材料就花了好几个月的时间，因为要提供详细的运营规划、财务预算、人员资质证明等，每项都得精确无误。在审批过程中，相关部门还会进行实地考察，对场地、设施等进行严格检查。这一番折腾下来，该企业不仅耗费了大量的人力、物力和财力，还错过了最佳市场进入时机，市场风险也大幅增加。该企业原本计划快速拓展国际业务，却被这些政策法规差异绊住了脚步。

中国特色银发经济的发展路径与实践案例

在政策的引导下，中国特色银发经济发展得不错。它紧紧抓住老年人的实际需求，利用科技搞创新，推动产业升级，发展劲头十足。现在目前，人口老龄化现象越来越严重，中国也在不断摸索，想找出更适合自己的银发经济发展方法，让这个行业一直保持繁荣，为老年人提供更多更好的服务和产品。

●● 政策引领

2022 年年初，国务院印发《"十四五"国家老龄事业发展和养老服务体系规划》，提出要规划布局一批重点发展区域。2024 年 1 月，国务院办公厅发布《关于发展银发经济　增进老年人福祉的意见》，正式给银发经济下了定义，还明确表示要推进产业集群的发展，打算在京津冀、长三角、粤港澳大湾区、成渝等地区规划布局 10 个左右高水平银发经济产业园区，推动银发经济的发展迈向新高度。

　　各地政府积极响应国家号召,纷纷出台一系列政策支持银发经济发展。比如,广州市开发区推出了"银发经济十条"。这十条政策聚焦产业、项目、园区三个关键方面,给出了实实在在的扶持措施。在产业方面,鼓励企业研发生产适合老年人的产品,像操作简单、功能实用的老年手机,生产这类产品的企业能拿到补贴;在项目方面,对于新建的养老服务项目,政府会帮忙协调场地,还提供税收优惠;在园区建设方面,政府打造了专门的银发经济产业园区,入园企业能享受租金减免,从而帮助企业降本增效,让银发经济项目更好地落地生根。

●● 需求与供给有效匹配

　　简单来说,银发经济就是满足中老年人的各种需求的市场活动,不管是吃穿用度还是休闲娱乐,只要是他们需要的产品和服务,都包含在内。国家很重视银发经济的发展,出台了不少政策,鼓励企业研发适合老年人的产品,生产操作简单、功能实用的老年用品,利用科技打造方便老年人进行健康管理的智慧健康养老服务,开发能帮助老年人行动的康复辅助器具,开发有助于延缓衰老的抗衰老产品,提供安全可靠的养老金融服务,设计适合老年人的旅游线路,帮助老年人改造家居环境,让他们生活得更加安全、便捷。为了让这些产品和服务真正满足老年人的需要,政府还专门了解老年人到底想要什么,确保产品和服务能实实在在地帮到他们。

王奶奶住在市区的老房子里，子女都在外地工作。以前，王奶奶每次生病都去医院挂号、看病、取药。对她来说，这是一个"大工程"，既耗时又耗力。随着国家对银发经济重视程度的不断提高，各种利好政策接连出台。一家科技企业瞄准机会，开发了一款专为老年人设计的智能健康服务 App。王奶奶在社区工作人员的帮助下用上了这款 App。只要在手机上简单操作几下，王奶奶就能预约附近医院的专家号，还能查看自己的体检报告和健康档案。

政府为了确保这类产品真正符合老年人的需求，专门组织社区工作人员在王奶奶所在小区开展了问卷调查，收集老年人的使用感受和改进建议。有了这些反馈，企业对 App 不断优化升级，使其功能更贴合老年人的实际需求。王奶奶逢人就说，这款 App 真是帮了她大忙，让她的生活变得既方便又安心，这都多亏了国家对银发经济的重视和支持。

●● 科技创新与产业升级

科技创新对银发经济的高质量发展起着关键作用。政府大力支持企业加大研发投入力度，鼓励它们运用物联网、云计算、大数据等先进技术，让养老服务变得更智能。例如，上海推出了《上海市推进养老科技创新发展行动方案（2024—2027年）》，目标是在未来几年初步打造养老科技创新与产业发展的高地，以此推动银发经济产业升级，让整个行业发展得越来越好，为老年人提供更优质、更便捷的服务。

李奶奶独居在上海的一个老小区，子女平时工作忙，无法时刻照顾她。自从上海大力推进养老科技创新后，情况就大不一样了。一家本地企业响应政策，利用物联网、大数据等技术打造了一套智能养老服务系统。

该企业在李奶奶家里安装了智能烟雾报警器、智能门锁和人体感应装置。有一回，李奶奶在厨房做饭时不小心睡着了，炉灶上的火苗烧干了锅里的水，冒出浓烟。智能烟雾报警器迅速感应到浓烟，第一时间发出尖锐的警报声，同时把信息发送到社区养老服务中心和李奶奶子女的手机上。社区工作人员和李奶奶的子女立即赶了过来，及时化解了危险。

另外，智能门锁可以记录李奶奶的出入时间，要是她长时间没有出门，系统会自动提醒社区工作人员上门查看。家中的人体感应装置则能监测李奶奶的日常活动轨迹，一旦发现她行动异常，就会及时通知相关人员。这些智能设备通过物联网连接，将数据汇总到大数据平台进行分析，为李奶奶的生活安全提供全方位保障。

这背后，正是《上海市推进养老科技创新发展行动方案（2024-2027 年）》在发挥作用，它推动企业研发这类实用的养老产品，让李奶奶这样的老年人生活得更安心，也让银发经济产业朝着更智能、更优质的方向发展。

●● 中国特色银发经济的实践案例

泰康之家致力于打造高端医养融合社区，把居住、餐饮、医疗、康复、文化娱乐等功能融合在一起。社区里有专业的医疗机构，能一天 24 小时为老年人提供医疗护理服务。像王爷爷之前不小心摔了一跤，医护人员马上就赶到，对他进行了紧急处理，之后还安排了康复治疗，让王爷爷很快就恢复了健康。除了医疗，这里的文化娱乐设施也很丰富，有健身房、图书馆、艺术工作室等，能满足老年人各种各样的需求。社区经常举办书法比赛、唱歌比赛，还有手工制作活动，老年人的参与度特别高，生活别提多充实了。目前，泰康之家已经在全国很多城市进行了布局，住进去的老年人超过一万人，泰康之家成了高品质养老服务企业的榜样，给老年人的健康和生活带来了保障，让他们幸福感满满。

乌镇雅园围绕养生养老，把休闲度假、健康医疗、文化教育等功能巧妙地融合在一起。社区里办了老年大学，课程那叫一个丰富，有书法、绘画、摄影、烹饪，老年人想学什么都可以。张奶奶刚住进来的时候人生地不熟，觉得有点孤单，后来她报名了老年大学的舞蹈课，不仅学会了跳舞，还认识了一群志同道合的好朋友，大家经常一起排练节目，生活变得既热闹又有趣。社区还配备了国际健康管理中心，里面有先进的医疗设备，还有专业的医疗团队。社区会为每位老年人建立健康档案，定期安排体检，实时跟踪健康状况。赵爷爷在一次体检中被检查出血压有点高，医生马上调整了他的饮食和作息，还定期回访，让赵爷爷的血压很快就稳定了下来。因为环境好、服务全，现在乌镇雅园吸引了好多老年人来住，到处都是欢声笑语，形成了充满活力的养老社区，真正实现了让老年人健康、快乐地安享晚年。

小棉袄智慧养老平台把互联网技术运用得恰到好处，它整合了线下各种养老服务资源，搭建了线上智慧养老服务平台，给老年人提供全方位的服务。不管是日常的生活照料（如帮忙买菜、打扫卫生），还是医疗护理、康复保健，甚至是陪老年人聊天解闷的精神慰藉，这里都能提供。老人要是有需求，只要在手机 App 上轻轻一点就能下单成功，服务人员很快就会上门。李大爷的子女都在外地工作，有一次他不小心扭到腰，行动不太方便。他赶紧在小棉袄 App 上预约了上门护理服务，没过多久，专业的护理人员就来了，他们不仅帮李大爷处理了扭伤，还给他做了康复指导。现在，小棉袄智慧养老平台已经在很多城市落地，服务了成千上万名老年人。该平台通过分析大数据，能精准地知道老年人需要什么，然后不断优化服务内容和流程，让服务更贴心、更高效。子女们也能通过平台随时了解老人的生活情况，心里踏实多了，家庭养老的效率和质量也更高了。

第 8 章
银发经济的未来展望：潜力与挑战

本章深入探讨了银发经济的未来潜力与面临的挑战，并提出了相应的可持续发展战略。在潜力方面，养老服务、金融产品和智能设备是银发经济的三大重点产业，它们分别通过多样化服务、金融创新和科技赋能，满足老年人的多样化需求。然而，银发经济也面临诸多挑战，包括政策适配性不好、市场供需失衡及技术应用障碍等，这些问题制约了行业的高质量发展。为此，本章提出了可持续发展战略，包括制定中长期政策规划、优化市场供需结构、推动技术创新与应用、加强人才培养与引进等，旨在通过政府、企业和社会的共同努力，实现银发经济的高质量发展，为老年人提供更优质的生活保障，同时推动经济的长期健康发展。

银发经济的潜力产业：
养老服务、金融产品和智能设备

养老服务、金融产品和智能设备是银发经济的三大潜力产域。随着政策的支持和需求的增长，这三大产业的发展空间将越来越大。

●● 养老服务

养老服务是银发经济中的关键一环，模式多种多样，如居家养老、社区养老、机构养老，能满足不同老年人的需求。这几年，老龄化现象越来越严重，人们对养老服务的需求也越来越多，各地都在想办法增加养老服务的供给。

在山东青岛，养老服务通过市场化运营和村集体领办两种方式，取得了特别好的效果。在市场化运营这一块，青岛采用"养老机构＋助餐""餐饮企业＋助餐""物业企业＋助餐"这些模式，大力推动老年助餐服务。福山老年公寓就利用"中央厨房＋配送"的办法，给街道综合养老服务中心和社区养老服务站供应餐食，提高了饭菜质量，覆盖的老年人也更多了。青岛还出台政策，给予企业一次性建设补贴、家庭养老床位补贴等，鼓励社会资本投入居家社区养老服务，让养老服务走向连锁化、规模化、标准化。

在村集体领办这一块，胶州市铺集镇由村党支部带头，建设了 16 家助老食堂。镇共富公司负责采购和配送食材，党员干部、公益性岗位人员和志愿者一起帮忙，每天能为 1300 多位老年人提供助餐服务。这种模式既解决了老年人的吃饭难题，又通过整合各方资源，保证了养老服务能一直办下去。

另外，现在的养老服务形式不再单一，变得越来越多元化、个性化，像老年病早期筛查、中医保健养生、老年游学这些新的养老服务形式不断出现，给老年人带来了更多样的选择，让他们的晚年生活更精彩。

●● 金融产品

金融产品是银发经济的重要支撑，涵盖养老保险、养老基金、长期护理保险等。2024 年 12 月，中国人民银行等九部门联合印发了《关于金融支持中国式养老事业　服务银发经济高质量发展的指导意见》，明确把金融支持银发经济的服务体系和管理机制完善起来。就目前来看，我国商业养老保险的规模已经达到 8 万亿元，个人养老金制度试点自开展以来，注册人数超过 6000 万人。金融机构也在想办法创新融资服务模式，为老年用品和服务的供应、养老基础设施的建设等提供更多的信贷支持，让银发经济发展得越来越好。

赵大爷今年 65 岁，退休前是一名普通职工，靠着基本养老保险，日子过得还算安稳。但随着年龄的增长，他越发意识到养老储备的重要性。2024 年，在了解了个人养老金制度后，赵大爷果断选择参与。得益于政策宣传和社区的耐心讲解，他顺利注册成为个人养老金的参与者。

在金融产品方面，赵大爷退休前为自己购买了商业养老保险。每年缴纳一定金额，退休后就能定期领取养老金，这让他的晚年生活多了一份稳定的经济来源。他还将一部分积蓄投入到养老基金中，希望通过专业的基金管理，实现资产的增值。

与此同时，赵大爷所在的城市积极响应国家政策，推动养老金融服务升级。当地银行针对老年人推出了专属的储蓄产品，利率更加优惠，办理业务时还有专门的工作人员提供耐心细致的服务，帮助老年人理解复杂的金融条款。在得知赵大爷有改善居住环境的想法后，银行根据他的情况，提供了适老化住房改造贷款，帮助他打造更加安全舒适的养老居所。

正是这些养老保险、养老基金等金融产品，以及金融机构创新推出的税收优惠、适老化金融贷款、信贷支持等各类服务，为赵大爷这样的老年人提供了全方位的养老保障，让他们的晚年生活更有底气，也让银发经济不断发展壮大。

●● 智能设备

智能设备作为银发经济的新兴领域，随着科技的发展，在养老服务中发挥着越来越重要的作用。现在，像智能手环、智能床垫这类健康监测设备很常见，它们能实时收集老年人的心跳、血压、睡眠等生命体征数据，一旦发现异常，系统马上就能把信息传给医护人员或老年人家属，时刻守护老年人的健康。智能护理机器人、家庭服务机器人也开始走进养老场景，不仅能帮老年人穿衣、洗漱、起身移动，还能陪老年人聊天解闷，给他们的生活提供了很多便利。

2024 年，深圳成功举办了一场颇具影响力的国际智慧养老产业博览会，就像给大家打开了一扇窗，让大家看到智能设备在养老领域发展得有多好，未来潜力有多大。

走进博览会现场，各式各样的智慧养老产品和技术多得让人看不过来。在健康监测区，好多先进设备特别吸睛。有一款新型智能手环的监测功能非常强大。它能实时稳定地测量老年人的心率、血压、血氧饱和度，还能靠内置的高精度传感器分析老年人每天走了多少步、运动强度如何、消耗了多少卡路里。更厉害的是，老年人要是不小心跌倒，它能马上启动应急机制，自动给老年人的子女或社区医护人员发送求救信号，还会把老年人的位置也发过去，使老年人的生命安全更有保障。

智能床垫也很受关注，床垫内部装了很多精密的感应装置，能捕捉老年人睡觉时的各种状态。它能准确记录老年人睡了多久、几点入睡、期间醒了几次，还能分析老年人的睡眠周期，评估睡眠质量，为改善老年人的睡眠提供科学依据。

要是监测到老年人睡觉时呼吸、心率有异常，床垫会马上报警，方便医护人员及时处理。

再到生活辅助区，智能护理机器人和家庭服务机器人可派上大用场了。有一种智能护理机器人，机械手臂很灵活，它使用先进的 AI 算法，能帮护理人员做不少复杂的护理工作。它能轻轻巧巧、稳稳当当地帮失能老年人翻身、坐起来，预防长压疮；当老年人做康复训练时，它能根据老年人的身体状况和康复计划，提供个性化的辅助训练，帮老年人慢慢恢复身体机能。

家庭服务机器人是老年人日常生活的好帮手。只要提前设置好指令，它就能自动扫地、拖地、擦窗户，老年人不用再被家务事折腾了。有些家庭服务机器人还能和老年人语音聊天，陪老年人解闷，给老年人放他们喜欢的音乐、戏曲，讲新闻、故事，丰富老年人的精神生活。

除了单个产品展示，现场还布置了很多模拟养老场景，把各种智能设备组合在一起，让前来看展的人更直观地感受到智慧养老的好处。比如，现场模拟的智能养老社区，其中的智能安防系统能随时监控老年人进出情况，要是老年人很久没出门，系统会自动通知社区工作人员去查看。智能照明系统能根据老年人的行走路线自动调节亮度，防止老年人因为光线不好而摔倒。智能健康管理中心把老年人的所有健康数据整合起来，医护人员通过分析这些数据，能提前发现老年人存在的潜在健康风险，从而提供及时有效的健康服务。

这场国际智慧养老产业博览会不只是把智慧养老产品和技术集中展示了出来，更是让大家看到了未来养老模式的样子。人们能明显感觉到，智能设备正在飞速、深入地融入养老服务，让养老变得更智能、更贴心，给老年人的生活带来更多美好。

银发经济面临的挑战：
政策、市场与技术的多维考量

银发经济的发展需要在政策、市场与技术之间找到平衡，通过完善政策体系、优化市场供给、加强技术创新，推动银发经济高质量发展。

●● 政策维度的考量

政策对银发经济的发展特别重要，它既能引导银发经济的发展方向，又能规范行业行为。不过当前在政策方面还存在一些急需解决的问题。

第一个问题是政策适配性不好。我国各个地区的老龄化程度、经济发展水平和文化背景都不一样。有些养老政策在制定时没有充分考虑这些地区差异。就像有些经济不太发达的地区直接套用发达地区扶持高端养老服务的政策。结果因为当地老年人的消费能力有限，政策根本无法落实，养老服务项目也无

法顺利开展。

第二个问题是各部门政策之间协同性差。养老这件事涉及医疗、金融、房地产等诸多领域，需要各个部门的政策一起发挥作用。但实际情况是，医疗保障政策和养老服务政策衔接得不好，金融监管政策对养老金融产品创新限制太多，土地政策在养老设施用地审批方面设置的流程太复杂。各项政策之间缺乏有效的协调配合，从而阻碍了银发经济产业的整合和发展。

就拿成都和宜宾这两个城市来说，成都经济较为发达，老龄化程度也相对较高，当地推出了一系列针对高端养老社区的扶持政策，如给予土地使用价格优惠、税收减免等，鼓励企业打造配备有高端医疗设施、丰富的休闲娱乐活动的养老社区，满足具有高消费能力的老年人对高品质养老生活的追求，成效显著。

宜宾作为经济稍欠发达的地区，简单复制了成都的这一政策。然而，宜宾的老年群体大多收入不高，退休金仅够维持基本生活。新建的高端养老社区每月动辄数千元的费用让老年人望而却步，导致社区入住率极低，不少设施闲置，投入的资金难以回本，养老服务项目也难以持续开展，政策无法落地。

再说政策协同性。成都的王大爷患有心脏病，需要长期治疗和专人护理，他想申请居家养老服务并使用医保报销部分费用。但在实际操作过程中，医保政策规定的报销范围和养老服务项目对护理服务的界定存在差异，很多必要的护理费用无法报销，从而增加了王大爷的经济压力。同时，王大爷所在社区计划新建养老服务中心，需要审批土地。但土地审批流程烦琐，从提交申请到获批，历经多个部门，耗时大半年，严重阻碍了项目的推进。金融机构由于受监管政策限制，在提供养老金融产品时，对王大爷这类有长期医疗护理需求的老年人，缺乏针对性的低息贷款或保险产品，无法有效缓解其资金压力。各部门政策缺乏有效协同，严重影响了养老服务产业的整合与发展，也没能给王大爷的养老生活带来应有的改善。

●● 市场维度的考量

市场层面面临的挑战也相当棘手。一方面，供需失衡情况很严重。如今老年人对高品质、个性化的养老服务和产品需求越来越多，但市场供应跟不上。在养老服务方面，专业护理人员紧缺，养老机构的床位也不够用，那种既高端，又能把医疗和养老结合起来的床位更是少之又少。在养老产品方面，市场上的养老产品种类单一，还没什么创新，很难满足老年人各种各样的需求。就拿适合老年人的智能穿戴设备来说，功能太简单，设计也不够人性化，不太方便老年人使用。

另一方面，老年群体比较传统的消费观念阻碍了银发经济的发展。因为受传统节俭观念的影响，很多老年人不太愿意在养老服务和产品上花钱，更愿意自己照顾自己，把钱存起来。就算有消费需求，他们也会对价格很在意，不太容易接受新兴的养老消费模式。比如说，有些老年旅游项目价格稍高一点，报名的老年人就不多；像共享养老这种新的养老模式，想推广开来也特别难。

长沙的王爷爷和张奶奶是一对老夫妻。王爷爷患有糖尿病和高血压，需要经常监测身体指标。张奶奶患有关节炎，行动不太方便。两人都希望能住进一家高端的医养结合型养老机构。他们在长沙打听了一圈，发现这类机构的床位非常紧缺，好多地方都要排队等很久，一些热门的养老机构甚至要等上两三年才有床位。就算好不容易排上队，机构里的专业护理人员也不够，经常一个护理人员要照顾好几个老人，无法提供特别细致的护理服务。

王爷爷的子女想给老人买些实用的养老产品。他们打算给王爷爷买个智能手环，方便监测血糖和血压，给张奶奶买个智能助行器，帮助她行走。可到市场上一看，适合老年人的智能手环功能都很基础，测量的数据不够精准，操作也不简便，说明书上的字小得老年人根本看不清楚。智能助行器也大多设计得很普通，没有考虑到老年人使用时的舒适性和安全性。

再说消费观念，张奶奶一直秉持着节俭的传统观念。前段时间，社区宣传共享养老模式，介绍说这种模式能让老年人在一个共享空间一起生活，费用分摊下来也比较划算，大家还能互相照顾、交流娱乐。但张奶奶觉得和不熟悉的人一起生活，生活习惯不同，肯定会有很多矛盾，还要额外花钱，心里很不乐意。后来，旅行社推出了一条价格稍高但行程丰富的老年旅游线路，主打深度体验和特色文化游，张奶奶一听价格，连连摆手，觉得还不如在家种种花、和邻居聊聊天，没必要花这么多钱出去玩。

●● 技术维度的考量

技术是推动银发经济创新发展的重要力量，可在实际应用时，却碰到了不少麻烦。

先说说技术应用方面的难题。现在智能养老设备、远程医疗等新技术不断涌出，可推广起来困难重重。老年人对新技术的接受速度比较慢，那些操作复杂的智能设备很多老年人根本不会用。对养老机构和服务提供商来说，引入新技术也不容易。一方面，成本太高，像一些小型养老机构根本拿不出那么多钱进行智能化改造；另一方面，技术适配性也不好，引进的技术可能和现有的设施、服务流程不匹配，很难发挥作用。

再讲讲技术安全隐患。在智慧养老过程中，老年人大量的个人健康数据、生活信息都被收集和储存起来，这些数据面临很大的安全风险。要是发生数据泄露，不仅老年人的个人权益肯定会受到损害，还会让大家对智慧养老产生信任危机，不敢再使用相关服务。另外，智能养老设备的稳定性和可靠性也不太高。有时候设备出故障，老年人发出的紧急求助信号就没办法被及时发送出去，这可是会危及老年人生命安全的大问题。

武汉王奶奶的养老经历充分体现了科技在银发经济应用中面临的困境。王奶奶的子女为了方便照护她，给她买了一款功能丰富的智能健康监测手环，能实时监测心率、血压、睡眠等数据，还能一键呼救。但手环操作复杂，光设置时间和连接手机就难住了王奶奶，各种功能切换的步骤也让她眼花缭乱，最后只能把它闲置在一旁。

再看武汉的一家小型养老院，为了提升服务质量，养老院负责人想引入智能护理系统，实现老年人健康数据的实时监测和护理任务的智能分配。但整套系统的采购、安装及后续维护费用高昂，超出了养老院的承受能力。养老院咬咬牙引入之后，又发现系统与养老院现有的护理流程不兼容，工作人员需要花费大量时间重新学习和适应，效率不升反降，无奈只能停用。

技术安全隐患也在现实中上演。武汉某知名智慧养老服务平台因出现服务器安全防护漏洞，导致平台上数千名老年人的健康数据、家庭住址等信息被黑客窃取。事件曝光后，许多老年人及其家属的隐私受到严重侵犯，大家对智慧养老服务产生了恐惧和抵触情绪，该平台的业务量大幅下滑，面临严重的信任危机。而就在不久前，王奶奶所住小区为独居老人配备了智能紧急呼叫设备。一次，王奶奶在家中不慎摔倒，按下呼叫按钮后却迟迟没有收到回应，原来是设备出现故障，信号传输中断。幸好王奶奶并无大碍，但这一事件让大家深刻地认识到了智能养老设备稳定性的重要性。

银发经济的可持续发展战略

银发经济的可持续发展需要政府、企业和社会共同努力。通过制定中长期政策规划、优化市场供需结构、推动技术创新与应用、加强人才培养与引进等，为老年人提供高质量的生活保障，同时推动银发经济的长期健康发展。银发经济的可持续发展战略如图 8.1 所示。

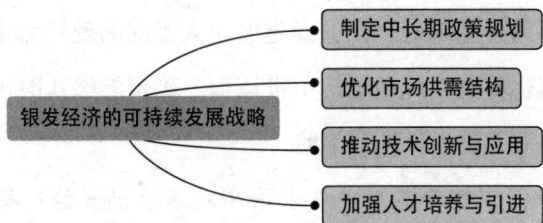

图 8.1　银发经济的可持续发展战略

●● 制定中长期政策规划

结合我国人口老龄化的现状和趋势，制定银发经济中长期发展战略，明确发展目标、重点领域和保障措施，将短期目标与中长期发展战略相结合。

各地制定养老政策时，要充分考虑自身人口老龄化程度、经济发展水平及文化背景。像经济欠发达地区的当务之急是加强基础养老服务设施建设，保证基本养老服务的供给，如多建一些收费合理的养老院、提供上门护理等基础服务。而经济发达地区可在高端养老服务和智慧养老领域率先探索，为相关企业提供更多政策优惠，激励它们创新养老模式，为全国养老事业发展提供经验。

为了推动养老事业更好地发展，需要建立跨部门协调机制，让医疗、金融、土地、民政等多个部门的政策协同发力。比如，医保部门和养老服务部门携手合作，把一些必要的养老护理服务项目纳入医保报销范畴，减轻老年人的经济负担；金融监管部门适当放宽对养老金融产品创新的限制，鼓励金融机构开发各式各样的养老理财产品，满足老年人不同的理财需求；土地部门则简化养老设施用地的审批流程，确保能够及时供应养老用地，助力养老项目顺利落地。

江西赣州作为经济发展水平相对落后但老龄化程度较高的城市，当地政府将重点放在基础养老服务建设上。通过财政拨款和社会募资，在市区和各个县城新建了多所收费亲民的养老院，养老院内部配备了适老化的生活设施与康复器材，满足老年人日常起居与基本康复需求。同时，民政部门联合卫生健康部门，组织专业护理人员为居家老年人提供上门护理服务，包含定期体检、生活照料等，有效解决了当地老年人的养老难题。

而在经济发达的杭州，某企业计划打造集智慧养老和高端养老于一体的康养社区。杭州政府迅速响应，税务部门给予该企业税收减免优惠，助力企业降低运营成本；医保部门与企业合作，将康养社区内的专业护理、康复治疗等服务纳入医保报销范围；金融监管部门鼓励银行推出与该社区挂钩的特色养老理财产品，吸引老年人投资；土地部门开辟绿色通道，快速审批建设用地，保障项目顺利启动。目前，该康养社区已成为杭州乃至全国养老模式创新的标杆，为其他地区的养老产业发展提供了可借鉴的经验。

●● 优化市场供需结构

为了更好地满足老年群体的需求，深入调研并细分市场很有必要。一些低龄健康老年人身体状况良好，有着较强的社交和学习需求，企业可以针对这类老年人开发老年旅游线路，让他们能游览各地的美景；开设老年大学，提供丰富多样的课程，满足他们的求知欲；举办各类文化娱乐活动，如文艺演出、手工制作等，丰富他们的精神生活。而高龄失能老人由于生活自理困难，为他们提供养老服务时，重点应放在专业护理上，像日常的生活照料、饮食起居护理；康复医疗可以帮助他们进行身体机能恢复；长期照护服务能够为他们提供持续稳定的照顾，全方位保障他们的生活质量。

为进一步推动养老行业的发展，要积极鼓励社会资本投身养老领域，全力支持养老机构朝着规模化、连锁化的方向发展。这样一来，养老机构不仅能整合资源，提升服务质量，还能让更多老年人享受优质的养老服务。同时，大力推动养老产品创新、丰富产品种类刻不容缓。比如，研发更多功能实用、设计人性化的老年智能产品，像智能床垫，能实时监测老年人睡眠时的呼吸、心跳等生理数据，无须老人佩戴任何设备；研发智能助行器，方便老人出行。这些创新产品可以满足老年人多样化的生活需求。

在成都，随着老龄化程度的加深，当地积极探索养老新路径。一家旅行社与当地社区合作，开发了多条适合低龄健康老年人的旅游线路，如"慢游江南水乡""历史文化名城游"等，行程安排轻松惬意，还配备了随团医护人员，保障老年人出行安全。同时，在政府的支持下，老年大学不断丰富课程内容，从书法、绘画到智能手机应用，满足老年人的求知欲。社区还定期举办文艺演出、手工制作等活动，丰富老年人的精神生活。

对于高龄失能老人，成都引入社会资本，打造了规模化连锁养老机构。该机构提供 24 小时专业护理服务，包括日常的生活照料、饮食起居护理，还配备康复医疗团队，为老年人制定个性化康复方案。为提升服务质量，该机构大力推动产品创新，引入智能床垫，实时监测老年人睡眠时的呼吸、心跳等生理数据，一旦数据异常，系统会立即发出预警；智能助行器也在该机构内得到了广泛使用，帮助行动不便的老年人自由活动。成都的这些举措极大地满足了不同老年群体的需求，为养老行业的发展提供了宝贵经验。

●● 推动技术创新与应用

为了让养老服务更上一层楼，要加大对智能养老设备、远程医疗技术及养老服务信息化平台的研发投入力度。鼓励科研机构、高校和企业携手合作，共同攻克技术难题。就拿智能养老设备来说，要着力提高设备的稳定性，使其少出故障，同时提升其易用性，操作设计要简单易懂，方便老年人使用。

为了让智能养老技术惠及更多老年人和养老机构，政府可以采取多种措施。一方面，通过发放补贴，减轻养老机构购置智能设备及老年人购买新技术／产品的经济压力；打造示范项目，让大家直观地看到新技术的优势。另一方面，积极开展针对老年人的智能技术培训，教他们使用智能养老设备，提升他们对新技术的接受能力。

为提升养老服务水平，上海大力推动智能养老产业发展。当地政府联合高校、科研机构与企业，共同研发智能养老设备、远程医疗技术和养老服务信息化平台。复旦大学等高校的科研团队与相关企业合作，针对智能养老设备的稳定性和易用性难题展开攻关。其研发的智能健康监测手环经过反复优化，能稳定地监测老年人的心率、血压等数据，而且操作界面简洁，仅有几个大图标按键，老年人按一下就能查看数据。

为了让智能养老技术惠及更多人，政府积极作为，给予养老机构和购买智能养老设备的老年人一定的补贴。某连锁养老机构在购置智能床垫和助行器时，获得了政府 20% 的资金补贴，降低了成本。同时，政府打造了多个智能养老示范社区。浦东新区的一个社区为老年人家中安装了智能摄像头和智能烟雾报警器，这些设备与养老服务信息化平台相连，一旦有异常，平台能迅速通知社区工作人员。此外，社区定期开展智能技术培训，教老年人使用智能设备。经过培训，许多老年人能熟练使用智能手环监测健康、与子女视频通话。智能养老设备在上海的家庭和养老机构中得到了广泛应用。

●● 加强人才培养与引进

为了给智能养老的持续发展提供坚实的人才支撑，高校和职业院校积极增设养老服务相关专业。在课程设置上，去除了繁杂无用的内容，加入了更多贴合实际需求的课程，如老年心理学、适老化产品设计等，同时格外注重实践教学，安排学生到养老机构实习，积累实战经验，从而培养出一批掌握专业护理、康复治疗、养老管理等知识和技能的专业人才。此外，政府应出台一系列优惠政策，鼓励医护、管理等其他行业的人才转型进入养老行业，这些拥有不同专业背景的人才能为养老行业带来新的理念和方法，为银发经济的发展注入全新的活力。

另外，要积极投入国际银发经济的合作交流中。一方面，主动学习国外先进技术（如一些智能养老设备的研发技术）和科学高效的养老机构管理经验，将这些"他山之石"引入国内，提升我国养老服务水平。另一方面，鼓励我国银发经济企业大胆"走出去"，把优质的养老产品、特色养老服务推向国际市场，通过参与国际竞争，提升我国银发经济在全球的影响力和竞争力，在国际舞台上展现我国银发经济的独特优势。

为推动银发经济的发展，南京在人才培养和国际合作方面积极作为。南京的多所高校和职业院校响应号召，如南京卫生高等职业技术学校增设了老年服务与管理专业。在课程设置上，精简了部分理论性过强且实用性低的课程，增加了老年心理学课程，帮助学生理解老年人的心理特点，更好地与老年人沟通；增加适老化产品设计课程，让学生学会设计更贴合老年人需求的产品。该校还与多家养老机构建立合作关系，安排学生定期实习，积累实际服务经验，培养了一批专业过硬的养老服务人才。

同时，南京出台一系列优惠政策，鼓励其他行业人才转型。比如，给予转行进入养老行业的医护人员岗位补贴，吸引他们将专业医疗知识运用到养老服务中。在国际合作方面，南京一家专注养老服务的企业积极与日本的养老机构交流学习，引进日本先进的智能养老设备研发技术，提升自身产品质量。随后，该企业将自主研发的具有中医特色的养老康复服务推向东南亚市场，并凭借优质服务和特色项目，在国际市场上崭露头角，不仅提升了自己的知名度，也为南京乃至我国的银发经济赢得了国际声誉。

结语

共创和谐、繁荣的银发经济未来

当下，全球老年人越来越多，老龄化进程也越来越快。在这一背景下，和老年人相关的产业，也就是银发经济，发展得越来越好，成为推动经济增长的新力量。如何打造一个让老年人生活幸福、相关产业蓬勃发展的银发经济，是一个备受关注的问题。

人口老龄化给银发经济带来了许多机会。老年人口增多，老年人在养老、看病、保健、娱乐这些方面的需求也大幅增长，这就为银发经济提供了广阔的发展空间。现在，老年旅游特别火爆，养老服务的类型也越来越丰富，适合老年人使用的产品更是不断推陈出新，银发经济的发展势头十分强劲。

不过，银发经济在发展过程中也遇到了不少难题。老年人这个市场很特殊，他们买东西、享受服务的时候，特别看重安全、方便和专业这几点。但现在市场上有些产品和服务的质量参差不齐，对老年人的需求考虑得也不够周到，没办法满足他们各种各样的需求。此外，政府在政策方面的支持不够，懂得做老年产业的专业人才也比较少，这些都阻碍了银发经济的进一步发展。

要想让银发经济发展得好，让老年人生活得幸福，需要政府、企业和社会各界一起努力。

政府要多出台一些有用的政策，引导和支持银发经济的发展；完善相关的法律法规，为养老产业创造一个好的发展环境。政府可以加大银发产业投入力度，并鼓励更多社会资金的加入，让养老产业越来越规范。另外，可以通过税收优惠、补贴企业等办法，鼓励企业多做研究，开发质量更好、更适合老年人的产品和服务。

企业要时刻关注老年人需求的变化，不断推出新的产品和服务。现在科技这么发达，企业可以利用互联网、大数据、人工智能等技术，开发更智能、更方便、更符合老年人个人需求的产品。比如，智能家居设备能让老年人生活得更轻松；远程医疗服务能让老年人看病不用跑太远；线上老年教育课程可以丰富老年人的生活；个性化的养老规划可以帮老年人安排好晚年生活。通过这些举措，为老年人提供更优质、更高效的服务，让他们的生活质量更高。

社会各界，如学校、社区、公益组织等，也要积极参与到银发经济的发展中来。比如，多为老年人提供一些学习和培训的机会，让他们能更好地掌握消费知识和新技术，这样就能更好地适应数字时代。平时可以多举办一些关爱老年人的活动，培养大家尊敬、关爱老年人的品德。同时，要好好保护老年人的消费者权益，维护市场的正常秩序，让老年人买东西、享受服务时没有后顾之忧。

一起创造一个和谐、繁荣的银发经济，是我们每个人的责任。让我们手拉手，怀着对老年人的关爱，靠着不断创新的精神，一起推动银发经济健康发展。相信只要政府、企业和社会各界齐心协力，银发经济的未来一定会更加美好。